El mundo de los espíritus de la naturaleza

Una introducción

Primera parte

1ª edición

Flensburger Hefte

«Flensburger Hefte»

A principios de 2019, concluimos la edición de los *Flensburger Hefte*. En los 36 años que han transcurrido desde 1983 hemos editado 234 libros y vendido bastante más de 1 millón de ejemplares.
Afortunadamente, todavía es posible adquirir las ediciones impresas restantes en: www.flensburgerhefte-shop.de

Formato audiovisual e impreso

Desde el verano de 2020 trabajamos conjuntamente con los estudios cinematográficos estadounidenses Tree Media. Allí, las conversaciones con las entidades naturales y espirituales se están editando en formato vídeo, en versión inglesa y alemana, bajo el título «Speaking with Nature Spirits». En la página web www.N2K.world (N2K: Need to Know) se puede acceder a ellas en modo streaming desde PC o Mac. En un futuro cercano también serán accesibles en Smart-TVs, consolas de juego, smartphones y tablets.

Al mismo tiempo se está intentando editar los *Flensburger Hefte* en diversos idiomas, y publicarlos como libro de bolsillo. Estos pueden adquirirse en Amazon, al igual que todas las **nuevas ediciones** de los *Flensburger Hefte* anteriormente agotadas, y las **nuevas publicaciones** y traducciones.

Redactor: Wolfgang Weirauch
weirauch@flensburgerhefte.de; www.wolfgang-weirauch.de

Traducción: Juan Antonio Bocos González
tonobocos@gmail.com

Imagen de cubierta: Francis Sky Conners-Schmid

Índice

Queridos lectores,

después de que pusiéramos fin a la editorial Flensburger Hefte en la primavera de 2019, he mantenido a mayores intervalos más conversaciones con las entidades invisibles, con la mediación de Verena Staël von Holstein, como una especie de mirada retrospectiva sobre las muchas conversaciones con las entidades naturales y espirituales del período entre 2018 y 2021.

Se trata en su mayoría de conversaciones introductorias al mundo de las entidades naturales y espirituales, para que ustedes puedan alcanzar una pequeña visión general del obrar de estas entidades en nuestro ser. Hemos repartido estas charlas entre los *Flensburger Hefte* n.º 141 y 142.

En este volumen leerán una breve retrospectiva de algunas etapas de mi vida: cómo surgió la editorial Flensburger Hefte y cómo se llegó a las conversaciones con las entidades de la naturaleza. Más allá, hay varias conversaciones con las entidades pétreas, acuáticas, aéreas e ígneas, así como muchas conversaciones con la entidad Etschewit acerca de la editorial Flensburger Hefte y sobre los efectos de las conversaciones con las entidades naturales y espirituales.

Encontrarán más charlas en el *Flensburger Heft* n.º 142.

Preparé todas estas conversaciones, y luego me senté junto a Verena para formular mis preguntas a las entidades invisibles. Verena posee la facultad de traducir a nuestro lenguaje las comunicaciones de las entidades suprasensibles. Es importante señalar que Verena no es ningún médium y que su consciencia no disminuye durante las conversaciones. No se produce ninguna influencia por parte de las entidades: ellas solo responden a mis preguntas y Verena traduce simultáneamente.

En nuestras conversaciones utilizamos los términos de la antroposofía sobre las interrelaciones suprasensibles porque son los más adecuados para presentar estas interrelaciones de forma clara y nítida. Cada afirmación de las entidades naturales y espirituales no es una comunicación emitida por una autoridad, sino que solo sirve para una mejor comprensión, más colorida y polifacética, de nuestro mundo.

Estas charlas surgieron para seminarios por mí organizados. Debido a motivos de salud, los textos no fueron leídos de nuevo a las entidades espirituales por Verena Staël von Holstein.

Wolfgang Weirauch
Flensburg/Handewitt, junio de 2021

Entidades espirituales que participan

Etschewit - Entidad del agua

Kapuwu - Entidad de la piedra

Knut - Entidad de la arena

Walliniju - Entidad del aire

Echnaton - Entidad del fuego

Müller - Espíritu doméstico del molino

Cómo empezó todo

Por Wolfgang Weirauch

Conversaciones con entidades naturales y espirituales. Introducción

De 2002 a 2018 he mantenido más de 1000 conversaciones con entidades suprasensibles y he publicado estas conversaciones en más de 50 libros. La mayoría de las conversaciones fueron mediadas por Verena Staël von Holstein, que tiene la facultad de traducir las comunicaciones de las entidades suprasensibles al lenguaje humano.

El presente libro contiene conversaciones introductorias con diferentes entidades suprasensibles, en las que se explica ilustrativamente el mundo de las entidades naturales, su conexión con el lado sensorial de la naturaleza, y con nosotros, los humanos. Al mismo tiempo, las entrevistas ofrecen ejercicios básicos sobre cómo los humanos podemos abrirnos al mundo de las entidades naturales. Las entrevistas se realizaron desde la conclusión en 2018 de nuestra editorial Flensburger Hefte hasta el año 2020.

Mantener este tipo de conversaciones es cualquier cosa salvo corriente. Tal vez usted también dude de nuestra cordura o piense que es completamente imposible realizar entrevistas con entidades suprasensibles. Lo entiendo perfectamente, pues yo solía sentir lo mismo. Mis dudas eran considerables.

Para que usted pueda comprender un poco de qué manera comencé a entrevistar a las entidades espirituales y de la naturaleza, a la edad de 49 años, le ruego que, por un breve momento, retroceda conmigo a mi pasado.

Retrospectiva de la propia vida

Probablemente usted se sienta como yo si lleva unas cuantas décadas de vida, y desde el presente vuelve la vista atrás y se pregunta: «¿Qué acontecimientos y encuentros vitales llevaron a mi vida a tomar este rumbo? ¿Por qué realicé estos proyectos y no aquellos? ¿Por qué razón mi vida dio un giro completamente diferente? ¿Hubo tal vez el consejo de una persona que no se tuvo en cuenta en su momento o un encuentro antipático que me llevó a seguir una carrera que ni siquiera se me ocurrió pero que, desde la perspectiva actual demostró estar llena de sentido y ser satisfactoria?»

Quería hacer muchas cosas en la vida, pero no quería seguir la carrera de periodismo, ni escribir libros, ni entrevistar a la gente. Desde luego, no quería hacer entrevistas a entidades suprasensibles, a entidades naturales y espirituales. No tengo ni idea de cómo habría reaccionado si alguien me hubiera dicho cuando era joven: «Llegarás a pasar dos décadas hablando con entidades invisibles, y publicarás más de 50 libros sobre el asunto». Probablemente habría sido un shock.

En ese sentido, es bueno no conocer el propio recorrido vital antes de tiempo, pues entonces ya no quedaría libertad para configurar la propia vida.

Por eso me gustaría referirles algunas etapas de mi vida a los lectores que por primera vez me lean, o escuchen, o vean en películas cómo llegué a mantener conversaciones con las entidades naturales y espirituales.

Cómo empezó todo

Me llamo Wolfgang Weirauch. La mayor parte de mi vida la he pasado en Flensburgo, una ciudad del norte de Alemania, en la frontera con Dinamarca, entre el Mar del Norte y el Mar Báltico.

Cuando se vive junto al mar, la mirada se pierde a menudo en la lejanía, y así fue también para mí. Mis días de escuela fueron malos: pasé muchos años en un instituto muy conservador, con profesores en parte violentos —algunos de ellos incluso nazis—, que empujaron a toda una generación de alumnos a la desgracia. Pero eso significó que me politizara a una edad temprana.

Era la época del movimiento mundial del 68 y de la guerra de Vietnam. Me horrorizaban las atrocidades bélicas de los Estados Unidos. Y aún recuerdo —era 1967, tenía 14 años— haber visto una manifestación de izquierdistas marchando por la ciudad con banderas rojas, protestando contra la guerra de Vietnam. Esas personas no solo se preocupaban por sus propios problemas, sino que defendían a personas del otro lado del mundo que ni siquiera conocían. Eso me fascinó.

Al mismo tiempo, me interesaba la naturaleza, especialmente los animales y las plantas. Por eso durante muchos años de mi juventud participé en un pequeño grupo de conservación de la naturaleza. En aquella época intentábamos despertar una mayor conciencia sobre la destrucción del medio ambiente, pero esto era casi en vano en los años 70 del siglo pasado. Aunque en mi juventud me distraje con muchas cosas, interiormente siempre estaba buscando, por ejemplo, los misterios del mundo y de la naturaleza, aunque al principio no pudiera definirlo con mayor precisión.

Cuando me hice antropósofo

Mis padres eran antropósofos, y escuché de ellos una y otra vez que el hombre tiene un alma y un yo, que no se vive una sola vez, que hay muchas entidades espirituales, etc.

Como suele ocurrir en la juventud, sobre todo debido a la fuerte politización de la época, yo rechazaba todo lo que tuviera que ver con la religión y la espiritualidad, aunque siempre mantuve abierta para mí una pequeña puerta interior: «Y si todo lo que me dicen mis padres fuese cierto, ¿entonces qué?».

Entonces sucedió lo que tenía que suceder. Cuando tenía 19 años leí un artículo de periódico, y de la noche a la mañana me convertí a la antroposofía. Me conmocionó como un rayo: «¡Era cierto! El hombre es un ser espiritual, que solo vive temporalmente en un cuerpo físico. Toda la vida carecería de sentido y sería injusta si solo se viviera una vez. Todo el cosmos y la naturaleza están llenos de entidades espirituales y de la naturaleza. No puede ser de otra forma».

Fue una revelación en cuestión de segundos, y desde entonces se convirtió en mi convicción inquebrantable. A partir de ese momento estudié toda la antroposofía y leí libro tras otro de Rudolf Steiner. Lo que leía se lo contaba a mis amigos, y ellos también se convirtieron a la antroposofía a través de mí.

Durante noches enteras discutíamos las descripciones de Rudolf Steiner y sus visiones del mundo espiritual, que él había puesto en términos comprensibles que uno podía leer y pensar incluso sin ser capaz de percibir las interrelaciones espirituales directamente.

Fundar una escuela Waldorf

Pero no me bastaba con discutir. Quería aplicar la antroposofía de forma práctica. Como tenía muchos amigos que estudiaban pedagogía, cuando cumplí 23 años hice un plan de 7 años para fundar un jardín de infancia Waldorf y una escuela Waldorf en Flensburgo. En 1976 nos reunimos 13 personas y quisimos fundar una escuela Waldorf en Flensburgo.

En esa iniciativa lo hice casi todo, excepto una cosa: no quise ocuparme del periódico escolar. Pero no tardé ni tres años en tener que asumir también esa tarea. Y como suele ocurrir cuando se empieza algo sin querer: en cuanto se toma una decisión, se conocen nuevas facetas de la vida, muchas cosas cobran sentido y dan placer. Al poco tiempo, transpuse mi interés por el mundo al periódico escolar: quería entrevistar a gente interesante.

Era una nebulosa tarde de otoño de 1981 cuando acudí a mi primera entrevista: unos militantes de Greenpeace que estaban atracados en el puerto de Flensburgo con uno de sus barcos. Y de alguna manera mis pensamientos se dirigieron a un futuro que aún no podía comprender: «¡Si pudiera entrevistar a mucha gente, sobre temas políticamente actuales y al mismo tiempo antroposóficos!» Pocos días después entrevisté al poeta Erich Fried. A partir de entonces quedé convencido de la entrevista como formato de comunicación.

Los cuadernos de Flensburgo

Hacia el final de la fundación de la escuela Waldorf me separé de esta iniciativa y fundé mi propia revista que llamamos *Flensburger Hefte*. Al principio eran realmente cuadernos, pero al poco tiempo se convirtieron en libros cuando nos dedicamos al tema *Pareja y matrimonio* [1], al reunir tanto contenido que de allí salió un libro de más de 200 páginas.

Ese número cayó como un rayo: pronto se vendió una primera edición de 3000 ejemplares, a la que siguió una segunda de 10 000. Y aquello continuó.

Ese fue en realidad el nacimiento de nuestra editorial, porque a partir de entonces decidimos publicar solo libros temáticos. Y como para nosotros era importante llevar la antroposofía a la sociedad, les dimos a los *Flensburger Hefte* el subtítulo de «antroposofía en conversación».

---

1   *Partnerschaft und Ehe*. Cuaderno no traducido al español. (N. del T.).

Luego los temas se sucedieron rápidamente: las drogas, el alcohol, la sexualidad, la magia negra, la religión, la discusión sobre el nacionalsocialismo y la política actual, con especial atención al Oriente Medio, el racismo, el hambre y las numerosas enfermedades de la civilización, como la adicción a Internet, la adicción al azúcar y el cáncer... A estos se añadieron muchos temas de carácter propiamente antroposófico, como los ángeles, afrontar la muerte, los sueños, el autoconocimiento, la reencarnación y el karma, etc...

Lengua viva

Un gran obstáculo en nuestro tiempo es el lenguaje, a menudo demasiado conceptual, de forma que los contenidos presentados no se transmiten de manera suficientemente vívida. El problema del lenguaje esclerotizado e incomprensible también lo encuentra uno a menudo con los antropósofos. Eso lo quisimos cambiar con los *Flensburger Hefte* y por ello nos esforzamos en escribir en un lenguaje comprensible: comprensible en cuanto a las palabras, pero siendo estas conformes con la materia, en un estilo vivo y no dogmático.

En los 36 años de nuestra editorial, conocí a un enorme número de personas, que era lo que más me entusiasmaba. Y de cada persona a la que entrevisté conocí algo nuevo: diferentes puntos de vista, trayectorias vitales fantásticas, biografías difíciles... De ellas surgió un tapiz multicolor, tan colorido y polifacético como individualidades hay sobre la Tierra.

El chiste

Pero una y otra vez un chiste rondaba por nuestra editorial: ya que había entrevistado a tanta gente, a menudo me decían: «¡Uno de estos días entrevistarás a una entidad de la naturaleza o a un ángel!». Ni siquiera en sueños me habría podido imaginar que algún día eso se haría realidad. Por supuesto, hacía mucho tiempo que estaba convencido de que había entidades naturales y espirituales, y también de que algunas personas tienen visiones básicas u otros encuentros con las entidades suprasensibles. Pero una conversación directa en forma de entrevista... ¡No! ¿Cómo podía ser eso posible?

Así que el chiste se mantuvo: «¡Uno de estos días entrevistarás a una entidad de la naturaleza o a un ángel!».

El manuscrito «Conversaciones con Müller»

En nuestra editorial colgaba de la pared, no sin motivo, un cartel con dos citas de Umberto Eco tomadas de *El péndulo de Foucault*:

En las editoriales, decía, confluye toda la ignorancia del mundo. Pero dado que en la ignorancia del mundo resplandece la sabiduría del Altísimo, el sabio considera al ignorante con humildad.

A una editorial llegan sabios y locos. La tarea del editor es reconocer a los locos de un vistazo.

Y un día el cartero llamó y me entregó un paquete con un grueso manuscrito. Una mujer llamada Verena Staël von Holstein había entrevistado con su marido, Friedrich Pfannenschmidt, a espíritus de la naturaleza: cada día, durante un año. Eran conversaciones con 17 seres naturales y espirituales.
Entonces todo lo que pude pensar fue: «Oh, Dios, ¡otra loca! No se puede hablar con entidades naturales y espirituales así tan fácilmente como se habla con otras personas. ¡Esta señora me está tomando el pelo!».
No pude dirimir si Verena era una sabia o una lunática, y dejé el manuscrito en un segundo plano. No lo leí, sencillamente. Casi durante un año.

Viaje a Afganistán

Primero tenía que suceder algo que me hiciera despertar. Fue a principios de mayo del 2002: tres de nosotros volamos hasta Afganistán, desde Dubai, en el único avión de Afganistán. La guerra acababa de terminar; los talibanes habían sido derrotados, y entonces germinaba algo parecido a la esperanza, en este país destruido por la guerra durante décadas.

Nuestro plan era fundar en Kabul un orfanato y una casa de acogida para mujeres. Llevábamos el dinero para el propósito cosido en nuestros cinturones. En ese viaje, entre otras cosas, fuimos invitados a una audiencia con el antiguo rey Sahir Shah, con el presidente Karzai y algunos ministros, y así pudieron asentarse con éxito las bases del proyecto.

Era impactante volar desde la prosperidad occidental hasta un país así, en el que toda una generación solo había vivido guerras, donde más de la mitad de las casas habían sido bombardeadas y las mujeres eran tratadas como animales. Por doquier vimos cadáveres, escuadrones de desminado, aviones bombardeados, tanques reventados...

Nuestro camino también nos condujo al norte, al valle de Panshir, donde la Alianza del Norte había dominado todo el tiempo, bajo el liderazgo del héroe nacional afgano Ahmed Shah Massoud —el «león del valle de Panshir»—, que había luchado durante casi dos décadas contra los ocupantes rusos y más tarde contra los talibanes, entre otros, hasta que fue asesinado por dos terroristas suicidas de Al Qaeda el 9 de noviembre de 2001. Estuvimos en su casa, con su viuda y su suegro, donde se habían planeado todas las guerras contra los rusos y los talibanes.

No hay charlatanería

Afganistán me despertó. Cuando volví a Alemania, leí el manuscrito *Conversaciones con Müller*. Enseguida me quedó claro que eso no era ni invención ni charlatanería. Tenía que ser real. Pero necesitaba la prueba final de que no se trataba de una mujer que oía voces con la consciencia embotada. Semejantes prácticas espiritistas son fenómenos en los que las personas no hablan a través de su conciencia diurna despierta con las entidades psíquicas, sino que desprovistas de voluntad les dejan que hablen a través de ellas. Eso se llama mediumnidad, o sencillamente es charlatanería. Y yo no quería tener nada que ver con algo así.

Primera visita al molino

Pero ¿cómo era posible que Verena pudiera tener estas conversaciones con las entidades naturales y espirituales? Quería conocerla, a ella y a su método de traducción. Pensé mis propias preguntas para hacer a las entidades suprasensibles y visité a Verena en su casa, un molino de agua en el norte de Alemania, donde ella vivía con su marido Friedrich y sus dos hijos, y con ovejas, gansos y gallinas.

Yo era realmente escéptico. Pero por otro lado, también tenía claro que en ese momento se abriría un nuevo capítulo en mi vida.

Ya la primera impresión me convenció: esa mujer tenía absolutamente los pies en la tierra, era completamente normal, y muy sencilla. Al igual que su marido, era topógrafa y, por ese motivo, incluso llegó a estar embarcada durante años. Desde el primer minuto me di cuenta de que Verena hablaba conmigo como con cualquier otra persona, pero simultáneamente era capaz de traducir los mensajes de las entidades suprasensibles.

«¿Cómo es eso posible?», se preguntará ahora usted probablemente. También yo me hice la misma pregunta. Pero yo tenía una ventaja: lo viví en directo y planteé mis propias preguntas.

Las percepciones de Verena

Verena era clarividente ya desde la infancia. De camino a la escuela, miraba y jugaba especialmente con las entidades de los árboles, sobre todo con las entidades de los abedules jóvenes. Las escuchaba y hablaba con ellas.

Sin embargo, no eran tanto palabras sino tonos lo que percibía de ellas. Era una especie de comunicación tonal, sin conceptos concretos. Verena siempre sabía cómo se sentían las entidades de los abedules, por ejemplo, si se alegraban o si sus árboles padecían sequía.

En su juventud y durante su vida profesional, las percepciones suprasensibles pasaron a un segundo plano, pero nunca desaparecieron. Solo cuando conoció a su actual marido, Friedrich, y se trasladó con él al molino de agua, las cosas cambiaron rápidamente. También debido a su embarazo.

La primera entidad en comunicar con Verena fue Müller, el espíritu doméstico del molino. Al principio era una especie de gesticulación suprasensible, pero con el tiempo Verena aprendió el significado de los gestos, hasta que poco a poco se convirtió en una comunicación conjunta. Verena preguntó a Müller por las obras de renovación más urgentes en el molino, y así las conversaciones se fueron haciendo cada vez más concretas. Al principio, ella veía más bien imágenes abstractas, pero con el tiempo pudo sumergirse en la esfera de las entidades naturales y espirituales y de su lenguaje, de forma que al cabo de unos años era capaz de traducir las respuestas con fluidez.

Con el tiempo empezaron a aparecer cada vez más entidades naturales y espirituales: entidades arbóreas, pétreas, entidades de la arena, entidades que cuidaban de los animales, entidades del aire y del fuego y, sobre todo, la entidad que cuida del agua, Etschewit, que había preparado todas las charlas y sigue cuidando de ellas, así como el Grande, una entidad espiritual que siempre ha protegido las charlas de los ataques. Con el tiempo, fueron 17 las entidades con las que Verena y Friedrich hablaban una vez cada día. Así surgió el manuscrito *Conversaciones con Müller*, que me fue enviado a la editorial.

Los espíritus de la naturaleza eran los que habían preparado durante mucho tiempo todas nuestras conversaciones, pues ellos sabían que iba a comenzar una época nueva en la que la gente tendrá que aprender a trabajar junto con las entidades de la naturaleza y a hablar directamente con ellas.

Entrevistas con las entidades invisibles

Para mi primera visita había pensado en un montón de preguntas para esas 17 entidades. Pues quería saberlo: quería saber si las conversaciones eran reales. Nos sentamos juntos en una mesa y comencé a hacer las preguntas a la primera entidad. Las entidades leen los pensamientos de las personas. Responden inmediatamente y Verena traduce su lenguaje y sus imágenes al alemán. Eso sucede muy rápidamente, y las respuestas, que siempre grabo con el dictáfono, son muy precisas. A menudo, incluso, las entidades respondían antes de que yo hubiera formulado completamente la pregunta.

En unos minutos me convencí de la autenticidad de las conversaciones. Sencillamente, uno lo nota cuando habla así con estas entidades. Pero cada uno ha de ser testigo por sí mismo.

Y así sucedió que el chiste de nuestra editorial se convirtió en realidad: ¡Terminé por entrevistar también a entidades de la naturaleza y a ángeles! Con el paso del tiempo resultó que no todas estas entidades eran entidades de la naturaleza, aunque al principio así se lo parecieran a Verena.

Algunas de ellas eran entidades espirituales superiores, como Etschewit y el Grande.

El primer libro que publicamos en nuestra editorial con estas conversaciones fue el *Flensburger Heft* número 79: *Lo que nos dicen los espíritus de la naturaleza* [2].

1000 entrevistas

De esta forma comenzó nuestro trabajo conjunto, que se inició en el verano de 2002. A lo largo de los 16 años siguientes, surgieron de él unos 50 libros con un total de más de mil entrevistas. Muy pronto elegí a otras entidades y hablé a través de Verena con las entidades de los árboles, de los animales, con las entidades que cuidan de cada una de las plantas hortícolas y de las variedades de frutas o especies. Además había otra particularidad: quería hablar con las entidades que velan por los sentimientos.

Desde mi punto de vista estas resultaron las entidades más interesantes. La vida emocional del alma humana no es tan apagada e indiferenciada como le parece a mucha gente, sino que, si se mira con más atención, se podrían distinguir al menos 200 sentimientos o virtudes diferentes en el alma humana, cada una representada por una entidad particular del cosmos. Así, hablé con la avaricia, el despilfarro, la alegría, la compasión, la hilaridad, la amargura, la mendacidad, el duelo, el miedo, la ira, la dicha, la crueldad, la cordialidad y con casi 200 más.

Solo podía prepararme para esas conversaciones hasta cierto punto, pues a menudo tenía que descartar mi concepto completamente, porque me había imaginado algo totalmente diferente acerca de la entidad en cuestión. Por ejemplo, una vez había preparado una conversación con la justicia y otra con la injusticia, pero enseguida me di cuenta de que eran una única y misma entidad; pues lo que es justicia, por ejemplo, para una persona, es injusticia para otra.

O, ¿cómo se habla con la entidad de la mendacidad si esa entidad representa la mendacidad y es precisamente mendaz? Esas conversaciones se convirtieron en un universo muy emocionante y, de hecho, de ellas se desarrolló algo parecido a unos diálogos platónicos modernos.

---

2   *Was die Naturgeister uns sagen*. No traducido al español. (N. del T.).

¿Por qué tuve estas conversaciones?

Mi interés por el mundo fue siempre inquebrantable. Y después de haber conocido la antroposofía, siempre tuve claro que tras todo el mundo sensible hay un mundo suprasensible con innumerables entidades. Ese mundo yo lo quería descubrir.

Con Verena —y más tarde con otras mujeres, como por ejemplo Anna-Cecilia Grünn—, se abrió una posibilidad única de hablar con casi todas las entidades suprasensibles, de plantear preguntas, de conocer cosas nuevas y sorprendentes. Y mi tarea en esta vida es contar a otras personas lo que he experimentado, explicar las relaciones suprasensibles a otras personas de la forma más clara.

Eso es posible con la antroposofía si se eligen las palabras adecuadas. El logro de Rudolf Steiner fue el de transferir aquello que veía de forma suprasensible a conceptos sobre los que podemos reflexionar. Y las conversaciones con las entidades naturales y espirituales abren relaciones completamente diferentes.

A través de la posibilidad de hablar con ellas de casi todo, tenemos no solo la oportunidad de conocer muchos secretos de los mundos suprasensibles, sino también de aprender cosas nuevas sobre nuestro mundo.

A través de eso surge la oportunidad de hablar y cooperar con el mundo espiritual en muchos ámbitos. Pues sin la comunicación y cooperación con las entidades suprasensibles, difícilmente será posible salvar nuestra Tierra de una mayor destrucción.

Una cosa que las entidades de la naturaleza han acentuado una y otra vez, es que quieren hablar con nosotros, los humanos. Quieren cooperar con nosotros para que los humanos no sigamos destruyendo la Tierra todavía más.

A menudo, se denomina al ser humano el pináculo de la creación. Pero debemos comprender que esta Tierra no solo nos pertenece a nosotros, los humanos, sino también a las piedras, a las plantas, a los animales, y a todas las entidades suprasensibles que obran en ella.

Fin de la editorial y nuevo comienzo

Nuestra editorial se mantuvo durante 36 años. Siempre fuimos solo un equipo relativamente pequeño. Pero a medida que pasaba el tiempo, el trabajo se volvía cada vez más extenso y estresante, y sin mi esposa Judith, que también bregó por doquier durante la mayor parte de la historia de la editorial, no habría logrado este extenso trabajo. De esta forma concluimos en la primavera de 2019 con éxito, aunque también con aflicción, los 36 años de trabajo editorial. Interiormente nos despedimos y nos tomamos durante un año una pausa creativa.

En ese momento, llegó un correo electrónico de Mathew Schmid, de Los Ángeles, en el que nos preguntaba si no sería posible presentar las conversaciones con los espíritus de la naturaleza a través del formato audiovisual. La idea me pareció fascinante, y rápidamente tuve claro que esto ofrecería una posibilidad completamente nueva y más amplia de presentar el mundo de la naturaleza y de las entidades espirituales a un público más vasto, por todo el planeta.

Por eso les estoy muy agradecido a Leila y a Mathew de que hayamos podido poner a disposición del mundo estas charlas a través de películas, podcasts y otros libros.

En este libro, usted obtendrá una primera visión sobre las conversaciones y sobre el mundo de las entidades naturales y espirituales. Le deseamos mucha alegría al descubrir con una visión diferente y de una manera completamente nueva las interrelaciones de nuestro mundo.

Wolfgang Weirauch
Flensburgo/Handewitt, mayo de 2021

Entidades espirituales

Preguntas de Wolfgang Weirauch a Etschewit

En las siguientes conversaciones iniciales hablo con Etschewit. Etschewit es una entidad espiritual, y a sus tareas pertenece velar por la mayoría de las aguas del hemisferio norte. Ha preparado estas conversaciones durante mucho tiempo, sabiendo que llegaría un momento en el que las personas y las entidades suprasensibles hablarían directamente entre ellas. También es la entidad que ha velado y sigue velando por todas las conversaciones mantenidas en el molino.

En la primera conversación que sigue, traté de hablar con él de las personas que mantienen un planteamiento materialista, y de cómo se puede lograr exitosamente hablarles de las entidades espirituales. Además, conversamos sobre diferentes aspectos de lo suprasensible: de los mundos suprasensibles, de los ámbitos suprasensibles constitutivos del ser humano, de la vida entre la muerte y el nuevo nacimiento, y de la relación entre los seres humanos y los ángeles.

Esta conversación fue realizada el 18 de julio de 2018

Aspectos para una conversación ficticia con un materialista

Wolfgang Weirauch: Muy buenas, Etschewit. Me gustaría hacerte algunas preguntas muy básicas, como una especie de guía introductoria al resto de conversaciones sobre los espíritus de la naturaleza; también tomando en consideración a las personas que se acercan por primera vez a la antroposofía y a lo suprasensible, a las entidades espirituales y de la naturaleza.

Empecemos sencillamente con una conversación ficticia con un materialista. ¿Cómo convencerías a un materialista, que no cree en lo suprasensible, de que existen efectivamente ámbitos suprasensibles o entidades espirituales?

Etschewit: Muy buenas, Wolfgang. Aquí debemos distinguir si se trata de una persona que se ha decidido conscientemente a favor del materialismo, que excluye definitivamente todo lo suprasensible, con deliberación mental, o si se trata de una persona que, más bien inconscientemente, no cree en nada suprasensible o nunca se ha ocupado realmente de estas cuestiones. La primera persona ha reflexionado sobre ello y ha tomado una decisión, la segunda aún no ha oído hablar de lo suprasensible o no se ha ocupado de ello. Hay, por ejemplo, mucha gente joven que nunca ha entrado en contacto con estas cuestiones acerca de lo suprasensible.

W.W.: Entonces, por favor, diferencia con respecto a estos dos grandes grupos de personas.

Etschewit: El materialista creyente profeso —llamo a estas personas materialistas creyentes, pues el materialismo no se puede probar y, por lo tanto, en realidad es también una creencia— no puede probar que no hay nada espiritual. La mejor manera como puedes dirigirte a un creyente materialista es mediante el pensamiento, al menos con lo que comúnmente llamáis pensamiento, aunque eso no sea estrictamente pensamiento. El materialista creyente asumirá sin duda que puede pensar. Pero si luego se le dice que muestre su pensamiento siquiera una vez, no podrá hacerlo, solo podrá describir ese pensamiento. Por supuesto, será capaz de describir diferentes ondas cerebrales, pero en ese punto probablemente incluso los materialistas creyentes tendrán que reflexionar. Lo que surge en el cerebro, lo que registran los más diversos aparatos, son solo las huellas de los pensamientos en el cerebro, no el contenido de los pensamientos mismos. Una conversación sobre los pensamientos, y el contenido de los pensamientos mismos, suele ser normalmente una buena manera de empezar a hablar con esa persona sobre lo suprasensible.

W.W.: Tal vez conceda un cierto grado de inmaterialidad a los pensamientos, pero nada más.

Etschewit: Pero entonces ya ha comenzado a admitir que hay algo no material.

W.W.: Sin embargo, en la conversación tenemos que llegar más lejos, por ejemplo, hasta las entidades espirituales. Estas no están incluidas todavía en el eventual reconocimiento de los pensamientos no materiales.

Etschewit: Cierto. Pero si se aceptan pensamientos no materiales, ya se ha roto el patrón material. Ese es solo un primer paso. Una persona así tendría que admitir primero que utiliza algo no material en sus pensamientos.

Un segundo paso sería llegar a la esencialidad, pero esa es una decisión completamente individual de cada persona. El primer acceso a las entidades inmateriales es a través del ángel de la guarda. Así que se le puede describir a un materialista la naturaleza de ese ángel, se le puede decir que uno mismo está convencido de su esencia y de su obrar, y luego juntos se pueden buscar huellas en la biografía. Si el materialista afirma entonces que en su vida no hay rastros del ángel de la guarda, por supuesto habría que mirar con mayor atención. Siempre se encontrarán acontecimientos en la vida de todo ser humano que no se puedan explicar por su carácter externo. En ese punto habría que investigar y hablar más. Sin embargo, esa sería, de todos modos, una conversación algo más larga y no sería posible sin ciertos detalles más íntimos de la biografía.

¿Partimos del Big Bang?

W.W.: ¿Cómo puede ser que la ciencia y muchas personas piensen que únicamente es posible que nuestra Tierra, con toda su belleza y sabiduría, haya surgido de la nada, por ejemplo, a través del Big Bang o de algo similar? ¿Cómo hablarías con una persona que cree en esas causalidades?

Etschewit: En última instancia, el ser humano no puede explicarlo. La creencia en el Big Bang, como toda creencia, es una actividad del alma, una capacidad del alma que todo ser humano necesita para existir. El contenido al que se dirija la creencia varía. La creencia es una capacidad básica del alma humana y también de las entidades superiores.

Así, las personas creen, por ejemplo, en el mito del Big Bang o en similares escenarios variados. Esa creencia es muy fuerte. Es tan fuerte porque está muy vinculada a la creencia en los instrumentos de medición, en las teorías científicas, y en las personas que crean las teorías. Así que los materialistas —en el sentido más amplio— creen en personas que supuestamente pueden demostrar, por ejemplo, el Big Bang o teorías similares. Pero todos ellos tienen que admitir que las personas que creen en esas teorías, a su vez, solo creen en las capacidades humanas. No pueden llevar a cabo esas mediciones por sí mismas, y de esa forma las personas solo creen a quienes les dicen esas cosas. Por

supuesto, eso también es cierto en muchos otros ámbitos de la vida.
Pero lo gracioso es que, en términos puramente físicos, hubo algo parecido a un Big Bang. Esa teoría en realidad no es del todo errónea. Pues en el momento en que lo espiritual entró en el mundo físico, o sea cuando comenzó una primera formación de lo físico, hubo una explosión. Los astrofísicos, muy inteligentemente, hace tiempo que llegaron a suponer no solo un Big Bang, sino muchos. En ese sentido, se puede casi probar incluso repetidas existencias materiales, no solo del hombre, sino del sistema solar. De manera que se puede casi probar que hubo formaciones repetidas del sistema solar. Entremedias hay fases en las que un sistema solar desaparece —como un pralaya— pero para volver a aparecer más tarde.

W.W.: Aunque no estoy familiarizado con esos ámbitos, sospecho que todas esas teorías se basan en un primer surgimiento de lo que sea a partir de la nada. Sin embargo, la realidad es que las entidades espirituales crearon algo, de lo que surgió algo parecido a la materia inicial.

Etschewit: La nada no puede definirse físicamente. En ese sentido, se habla de una energía básica. Y un científico serio admitirá, por tanto, que existe una energía que es eterna.

W.W.: ¿Y si les preguntas de dónde viene esa energía?

Etschewit: Entonces dirán que eso no se sabe.

W.W.: Pero lo que quiero decir es que esta Tierra hermosa y llena de sabiduría, y tan altamente compleja, no puede surgir de la nada o de una energía básica; y ciertamente de ninguna manera por sí misma, sin un diseño superior. Este mundo es tan complejo que ningún ser humano puede ni siquiera acercarse a recrearlo. Sin embargo, está ahí, y no puedo comprender cómo se puede creer que esta Tierra tan complicada y llena de sabiduría pueda surgir de la nada o de una energía básica.

Etschewit: Como respuesta siempre se replicará con la argumentación de la evolución. Con la idea de la evolución, el tiempo se vuelve indiferente. La evolución, así se acepta, produce a largo plazo siempre lo óptimo. Se supone que la evolución siempre crea lo óptimo a largo plazo. Por supuesto, uno podría preguntarse entonces de dónde viene la evolución. La evolución no está dirigida, se supone, sino que es un sistema de autoaprendizaje, un continuo que se perfecciona a sí mismo. Y aquí, por supuesto, siempre se llega al punto en el que los defensores de esa teoría dicen que todavía no se sabe esto y aquello. Aquí la ciencia hace tiempo que renunció a ser omnisciente. Por el contrario, cualquier persona de a pie hace tiempo que no está tan lejos.

De la negación del espíritu al ser

W.W.: ¿Qué opinas de la gente que simplemente asume que no hay una existencia continuada después de la muerte, al igual que no hay una preexistencia antes del nacimiento o que no hay un mundo espiritual?

Etschewit: La verdad es que esas personas me parecen muy valientes. Quien ignora las repetidas vidas terrestres es desde nuestro punto de vista valiente...

W.W.: ¿Por qué valiente? Quien piensa así durante la encarnación supone que después de la muerte no tendrá más responsabilidad ni dolor. No necesita comprometerse con nada ni prepararse para nada.

Etschewit: Desde nuestro punto de vista espiritual, eso es muy valiente, o quizás mejor, atrevido o engreído. Pues desde nuestro punto de vista, que vivimos en la continuidad, es de hecho impensable. Por otro lado, una representación semejante es, en suma, una de las más terribles representaciones. En ese punto llegamos a una clara contraposición entre las entidades suprasensibles y los seres humanos encarnados, que a menudo son completamente diferentes, pues son mortales.

W.W.: ¿No es mucho más valiente vivir aceptando que la vida continúa después de la muerte, que hay repetidas existencias terrestres, y que cada uno es responsable de sus actos?

Etschewit: Por supuesto, pero eso implica que hay fuerzas directrices en el mundo espiritual que a veces intervienen para ayudar. Sin embargo, el materialista tajante ni siquiera piensa que pueda haber una ayuda espiritual.

W.W.: Me parece que las personas que no asumen responsabilidades, que no piensan en la vida después de la muerte, porque tal vez también vivan de forma egoísta o hedonista, no son valientes, sino más bien cobardes, ya que descartan la posibilidad de que sus actos tengan consecuencias también después de la muerte.

Etschewit: Ese es un pensamiento que puedo entender bien. En nuestra conversación llegamos a la esencia del ser humano, no siempre solo a la esencia de las múltiples entidades espirituales. De tus palabras deduzco que no eres el único con esa opinión. En esa medida puedo entender bien que no os parezca valiente rechazar por completo el mundo espiritual y vivir solo para una vida. Desde el punto de vista de un ser humano encarnado, eso es definitivamente egoísta, quizás incluso cobarde; pero desde nuestro punto de vista es diferente.

W.W.: Limitado a las condiciones terrenales, un materialista no necesita ser egoísta en absoluto, mientras que una persona espiritual puede ser muy egoísta.

Pero ¿cómo se puede llevar a que una persona con pensamiento materialista reconozca a una entidad espiritual?

Etschewit: La mejor manera de hacerlo es guiando a esta persona hacia su propia entidad. Se puede hablar con una tal persona de manera que se reconozca a sí mismo como una entidad.

El siguiente paso es que el interlocutor tiene precisamente una entidad; o el amado o la amada de esta persona. De forma que ya tendríamos dos entidades. En una conversación así hay que llegar a la noción de entidad. Cuando uno se halla frente a una persona de pensamiento materialista que piensa que cada persona tiene una entidad individual, el siguiente paso sería ampliar la conversación o su contenido a las entidades no materiales, pues entonces se llega a las entidades no humanas. Y las entidades no humanas más cercanas que toda persona conoce, son, por ejemplo, vuestros animales domésticos. Cualquier persona que tenga un animal doméstico, que viva muy cerca de un animal, admitirá que este animal también tiene una entidad. Cuando se reconoce a un animal doméstico como entidad, se ha dado el siguiente paso: que hay un grupo de otras entidades aparte de los seres humanos. Entonces se reconocerán varias formas de entidades, incluso entre los seres no humanos.

W.W.: Sin embargo, un materialista solo explicará a un animal doméstico por los genes, instintos e influencias ambientales, y otros factores diversos, pero de ninguna forma como una entidad con un alma suprasensible.

Etschewit: Pero, aunque los genes y las influencias ambientales sean los mismos, sigue habiendo a pesar de todo entidades muy diferentes, tanto en los humanos como en los animales.

Una vez que una persona reconoce por primera vez que las personas o los animales tienen una entidad, se ha dado un paso importante. Entonces esta persona ya ha reconocido propiamente que un ser tiene alma.

W.W.: Todavía no lo veo así, porque para muchas de esas personas la entidad no será más que en un concepto abstracto, pero no la idea o incluso la aceptación de una esencia suprasensible real. Quizá se vea como el producto final de una larga evolución y de las influencias del entorno. Pero si uno ve la entidad como el principio, no el final, de un desarrollo, entonces una entidad espiritual o anímica es algo completamente diferente.

Etschewit: Muy pocas personas se abstraen en las conversaciones con tanta fuerza como tú lo estás haciendo en este momento. Es mucho más frecuente que las personas estén simplemente más o menos convencidas —quizás con un sentimiento algo vago— de que son una entidad, incluso de que hay un entendimiento entre las entidades.

Mi manera, como ser no físico, sería hablarle a esa persona de tal manera que reconozca que el lenguaje y la empatía entre las personas, y también con otros seres, es algo que ocurre entre diferentes entidades pero que es de naturaleza no material. Si el perro nota que un humano está triste, se ha producido una relación no física entre las dos entidades.

¿Pueden los productos finales abstractos comunicarse entre sí?

W.W.: Puede ser como acabas de decir. Pero desde mi punto de vista te has saltado el paso decisivo, pues un materialista tajante explicará la entidad de una persona o de un animal como el producto final actual de la evolución y de las influencias ambientales, y una entidad consistirá para él solo en un concepto abstracto. Tú, en cambio, supones que las personas tienen una entidad suprasensible y que esta se pone de manifiesto a través de la comunicación. Pero ¿cómo explicar al materialista tajante que lo que ve simplemente como un producto final de una evolución o como un concepto abstracto es una entidad espiritual en sí misma?

Etschewit: La forma como yo lo veo es que las entidades solo son tales cuando pueden comunicarse entre sí, a través del lenguaje, de los sentimientos, de la empatía y de muchas otras cosas. Los conceptos abstractos o los resultados finales, como tal vez piense el materialista, no pueden comunicarse entre sí. El proceso de aprendizaje de cada ser humano también pertenece a esa categoría, en la que hay un entidad suprasensible en cada persona; al igual que esa persona ama u odia a otra. El amor no se puede explicar por pura química o moléculas.

Pero sobre estos ámbitos solo se puede hablar si el materialista acepta que esas relaciones discurren entre entidades. El requisito previo para una conversación de ese tipo será quizás frecuentemente que haya una voluntad de conversar, quizás incluso una cierta necesidad en el sistema de pensamiento puramente materialista. Sin embargo, muchas personas no quieren salir de ese sistema de pensamiento, sobre todo si están muy satisfechas con él, es decir, sin son esclavos felices. Si una persona es feliz con su materialismo, uno puede ahorrarse cualquier conversación.

Conversación con los jóvenes

W.W.: Si un joven de hoy en día crece en un entorno de pensamiento materialista y se ocupa casi solo con el mundo digital, ¿dónde y cómo habría para él un punto de partida para darse cuenta de forma independiente de que existen mundos y entidades suprasensibles reales?

Etschewit: Eso no es tan difícil —hay excepciones, por supuesto— porque a la mayoría de los jóvenes que pasan varias horas al día en Internet también se le puede hablar de todo lo que tiene que ver con la fantasía. Son innumerables los jóvenes que se han aficionado a los juegos de fantasía o a Harry Potter, por ejemplo, y Harry Potter se dedica a la magia. Por supuesto, también están los jóvenes que se cierran completamente a todo lo suprasensible. Por supuesto que el interés en Harry Potter ya está en descenso, pero hay nuevas figuras en ese entorno, de modo que una gran parte de los jóvenes se interesa por imágenes de lo suprasensible, aunque distorsionadas y materializadas. Desde luego, si les preguntas al respecto, te dirán que todo es pura fantasía o un juego de ordenador, pero probablemente también admitirán que se interesan por esos mundos porque les dan miedo o les fascinan, por ejemplo.

Sin embargo, si se ha llegado hasta aquí en la conversación, en realidad ya se tiene a un joven en una conversación de contenido que puede continuar. Los jóvenes de hoy son mucho más fáciles de convencer que los mayores o que los jóvenes de hace unas décadas. El materialista de hoy, más mayor, es esencialmente mucho más difícil de convencer de lo sobrenatural.

Hay que hacer posible a los jóvenes que tengan mejores ideas, habría que hablar a los jóvenes en un lenguaje fácilmente comprensible sobre lo suprasensible, para que entiendan las interrelaciones y las entidades y se llenen el alma con lo que realmente anhelan.

Mundos suprasensibles — el mundo etéreo

W.W.: Me gustaría preguntarte de nuevo sobre algunos conceptos antroposóficos de los que ya hemos hablado a menudo y pedirte que desde tu punto de vista expliques en un lenguaje sencillo de lo que tratan o cómo se puede obtener el mejor acceso posible a esos ámbitos suprasensibles. Voy a empezar por el mundo etéreo.

Etschewit: Intentémoslo. Se trata de una empresa importante. Por eso dije una vez a la gente del molino que no debería buscar siempre solo en los libros de Rudolf Steiner, pues aquí hay a menudo conceptos que son un poco como el hormigón armado que, aunque por un lado están maravillosamente formados y también están tomados con precisión del mundo espiritual, por otro, ya no son accesibles para un mayor número de gente. Estos conceptos cada vez tienen menos vida.

W.W.: Imaginémonos a un joven, o a otra persona, que en realidad nunca ha oído hablar de lo suprasensible. ¿Cómo le explicarías el mundo etéreo o el éter del mundo?

Etschewit: La forma más útil es empezar por las propias personas. Yo le señalaría que seguramente se experimenta a sí mismo como algo más que un montón de carne, como algo más que la mera materia. Esa persona habrá sentido a menudo tristeza, habrá podido amar, se habrá alegrado a menudo, esta persona se habrá frustrado a menudo, etcétera... Pero todo eso no se corresponde con su cuerpo, ni con la materia. Lo admitirá, porque sabe que su cuerpo no está frustrado, aunque tal vez de vez en cuando esté cansado. Aquí se trata naturalmente de lo anímico. Y cuando una persona asume que no consiste solo en un cuerpo material, surge muy rápidamente la cuestión de qué es la vida.

Tal vez ese joven conozca a alguna persona fallecida, tal vez su abuela haya muerto hace poco, o tal vez, precisamente, algún animal doméstico suyo. En cualquier caso, se puede hablar con él sobre cuál es la diferencia entre un cuerpo muerto y un cuerpo vivo, qué es lo que se ha ido de repente del cuerpo muerto... Lo que ha desaparecido es la vida.

La mejor manera de explicar el cuerpo etéreo es a través de la muerte, es decir, en términos de lo que falta en un cuerpo anteriormente vivo. En ese punto, la mayoría de las personas puede empatizar y reflexionar, aunque muchas personas hoy en día ocultan lo que está muerto con gran vehemencia. Es un gran problema, también desde la perspectiva del mundo espiritual, que la muerte sea más o menos ignorada u ocultada a los niños y jóvenes. Es un gran error, pues la muerte forma parte de la vida.

Otro paso importante sería dejar claro a una persona por qué tiene la sensación de que algo está vivo. ¿De dónde y por qué se sabe que un escarabajo está vivo? Y cuando se ha aludido y avivado esa sensación en una persona, se puede hablar de una envoltura viva, etérea, que rodea e impregna a cada uno de los seres vivos.

Además, se puede hablar de lo que seguramente ya se ha escuchado con frecuencia: sobre las personas que en un accidente han tenido una experiencia cercana a la muerte. Podemos hablar de las personas que han perdido una pierna y tienen un dolor fantasma, es decir, dolores en una zona que ya no existe físicamente. Eso tiene que ver con el hecho de que también hay partes del cuerpo que no son solo materiales.

El mundo etéreo

W.W.: ¿Y cómo explicarías el mundo etéreo?

Etschewit: Por un lado, se puede hablar del propio cuerpo etéreo del ser humano, y en el paso siguiente del cuerpo etéreo de una planta. Cuando se haya avanzado tanto con alguien, probablemente será capaz de pensar por sí mismo que, por ejemplo, el bosque cercano, o la pradera de alrededor, o también todos los animales, deben tener igualmente un cuerpo etéreo. Entonces ya se ha llegado al cuerpo etéreo de la Tierra, ya se ha llegado al ámbito etéreo del cosmos. Especialmente en el caso de los jóvenes suele suceder que siguen avanzando con sus pensamientos o ideas y pueden llegar a pensar muy bien en esas interrelaciones.

Impresiones en el cuerpo etéreo a través de los movimientos

W.W.: Supongamos que un joven llega tan lejos y es capaz de pensar que el ser humano tiene un cuerpo etéreo. ¿Cómo le explicarías que este cuerpo etéreo no solo mantiene vivo el cuerpo físico, sino que también tiene otros ámbitos, por ejemplo, la memoria, y que todas las percepciones que una persona tiene durante la vida se imprimen en el cuerpo etéreo?

Etschewit: Yo le hablaría de las múltiples funciones automáticas de las que se encarga el cuerpo etéreo, es decir, de todos los procesos vegetativos, de la digestión, de la circulación de la sangre, hasta del parpadeo. Todos esos procesos inconscientes y vegetativos están conectados predominantemente con el cuerpo etéreo, y muchas cosas de ellos también se imprimen en el cuerpo etéreo. solo por la forma en que una persona respira, por ejemplo, cuando entra en una habitación, se puede saber cuáles son sus hábitos.

Entonces se puede hablar del lugar donde se asientan los hábitos de una persona. Además, se puede hablar de que todo lo que se aprende. Todo lo que adquirimos en términos de habilidades ha de tener un lugar en alguna parte del ser humano, y podemos preguntarnos dónde está ese lugar. Quizá un joven diga, al principio, que todo se asienta en el cerebro o en el sistema nervioso. Pero entonces es necesario hablar del hecho de que el cerebro es, en realidad, una sustancia bastante muerta, aunque sea muy complicada, y que propiamente debe haber un lugar vivo para las habilidades. Por supuesto que el cerebro está directamente relacionado con todos esos procesos, pero si se disecciona el cerebro, no se encontrará el lugar de los hábitos y de la memoria. Sin embargo, si se aprende a tocar un instrumento, por ejemplo, entonces se puede decir que esa capacidad o esos procesos de aprendizaje imprimen el cuerpo etéreo.

Utiliza el conocimiento que los jóvenes tienen sobre su cuerpo para definir los puntos de admisión de lo suprasensible. El cerebro es uno de esos puntos de admisión.

W.W.: ¿Puedes definir y explicar el proceso de impresión de las percepciones y de los procesos de aprendizaje en el cuerpo etéreo con un poco más de precisión? ¿Cómo se puede explicar que una percepción, un acontecimiento, quede impreso en el cuerpo etéreo?

Etschewit: La mejor manera de aclarar eso es remitiéndonos a Daniel Bernoulli[3] quien, entre otras cosas, investigó el movimiento de rotación de la Tierra. Sin embargo, también investigó el flujo y la formación de vórtices en el flujo. Existe la posibilidad de imprimir técnicamente algo en el flujo. Antes de que existiera la tecnología de los discos duros actuales había cajas de Bernoulli. Con estas cajas de Bernoulli podías procesar ciertas cantidades de datos. Se podía grabar algo sin tocarlo cambiando el flujo del medio. Así que la cuestión es que se puede almacenar algo cuando un medio está en movimiento, y de esa forma, como resultado, es posible almacenar algo permanentemente.

3   Matemático suizo. 1700 - 1782.

Ese es naturalmente un proceso técnico. Y los procesos etéreos son, por supuesto, de naturaleza suprasensible. Pero uno puede tomar estos procesos técnicos como una ayuda para entender el fluir del cuerpo etéreo y que algo puede ser impreso en un medio que fluye. Si una persona puede aceptar el cuerpo etéreo en general, entonces también dará el paso de aceptar que el cuerpo etéreo es algo que fluye. Entonces no estará lejos de entender que la información puede ser almacenada en ese medio que fluye. En el caso del cuerpo etéreo, se trata, por ejemplo, de las percepciones que tiene el ser humano, y adicionalmente, de los procesos de aprendizaje. Todos se quedan grabados en el cuerpo etéreo.

También se podría hablar de la agricultura biodinámica, que elabora sus preparados creando remolinos en el agua, a los que luego se añaden las mínimas cantidades. Todos los remedios homeopáticos y antroposóficos se producen por movimientos rotatorios, es decir, por agitación o sacudida, por la formación de remolinos. Así, a través del movimiento se recibe la información. Y si el movimiento es circular, la receptividad es especialmente buena. De esa forma, en el cuerpo etéreo surge algo giratorio, y a través de cada percepción, de cada información procedente del exterior, surge un pequeño remolino en el cuerpo etéreo. A través de ese surgir de remolinos, algo se imprime en el cuerpo etéreo.

W.W.: Diciéndolo de forma lógica y sumaria: Si el cuerpo etéreo no se moviera, si no girara, ¿no absorbería nada?

Etschewit: Exactamente. Pero el cuerpo etéreo fluye de forma natural. ¿Y cuál es el centro de un remolino? Un punto. Ese es el punto de recuerdo o el recuerdo respectivo. Para cada recuerdo, y a su alrededor, hay un remolino. Aunque el remolino deje de existir, el punto permanece.

Quien quiera ir mucho más lejos todavía, aunque esto no es adecuado para una explicación básica, también puede hablar del hecho de que, como ser humano, uno está conectado con las jerarquías superiores a través de los remolinos en el cuerpo etéreo, pues a través de la intersección de las fuerzas volitivas de las jerarquías surge precisamente lo etéreo en el ser humano. Cuando las voluntades de dos seres jerárquicos superiores se cruzan, allí también surge un punto, y ese punto surge porque dos seres espirituales elevados permiten que ese punto surja por encima de sus voluntades.

Recordar y olvidar

W.W.: Si cada percepción que un ser humano tiene durante su vida en la tierra crea un remolino en el cuerpo etéreo, ¿cómo se comportan los dos grupos de percepciones o remolinos que, a grandes rasgos, se puede identificar? Por un lado, las percepciones que aún se pueden recordar, y por otro, aquellas percepciones que se olvidan...

Etschewit: Los remolinos que están relacionados con las percepciones que uno no olvida, es decir, precisamente las habilidades, por ejemplo, cuando uno practica el piano, son vórtices más estables. Cuando se practica algo, se generan los mismos remolinos una y otra vez, y estos se imprimen cada vez más intensamente en el cuerpo etéreo. Cuando se aprende un poema de memoria, entonces se crea siempre el mismo remolino una y otra vez, y este se vuelve entonces tan fuerte que es posible recordar esos ámbitos de lo aprendido. Todos esos remolinos pueden ser recordados conscientemente.

Las ideas y percepciones olvidadas tienen remolinos más inestables o que se desfiguran. Respecto a los recuerdos durante la vida en la Tierra, lo que el ser humano puede recordar, se puede hablar de remolinos más poderosos y permanentes. El proceso del olvido puede describirse de tal manera que las nuevas impresiones desfiguran a las viejas, a los viejos remolinos, o los desplazan a un segundo plano. Los nuevos remolinos ocultan a los remolinos que hay detrás. Si se trata de una impresión muy débil, de una impresión inconsciente, desde el principio le corresponde uno de estos remolinos tan pequeños que es inmediatamente ocultado por otros.

El panorama vital poco después de la muerte

W.W.: ¿Qué ocurre en los tres días posteriores a la muerte, cuando el cuerpo etéreo se expande y el panorama vital, es decir, todos los puntos de la vida terrestre aparecen simultáneamente?

Etschewit: Todo lo que se ha depositado en el cuerpo etéreo en forma de puntos se extiende ahora, y esos puntos tan pequeños se convierten en superficies más grandes, que el ser humano en la otra vida puede volver a contemplar como imágenes. Después de la muerte, todos los puntos se hacen más grandes, como si tomases una lupa y agrandases todos los puntos con ella.

Lo anímico. Colores y espacios interiores

W.W.: ¿Cómo describirías a un joven la transición de lo etéreo a lo anímico?

Etschewit: La mejor manera de acercarse a lo anímico es a través de los sentimientos del joven. Tal vez se pueda tomar una actividad deportiva en el que el joven se halla esforzado mucho anímicamente. Tal vez un alumno se haya enfadado terriblemente con un profesor en la clase anterior y esté anímicamente muy agitado y tenso. Pero entonces comienza la clase de educación física y el alumno se adentra en una actividad completamente diferente, por la que de golpe el sentimiento cambia absolutamente. Entonces, el sentimiento del enfado ya no es tan importante, pues el esfuerzo continuo prevalece a través de la actividad deportiva.

También se puede describir al revés: Uno está muy cansado, el etéreo está muy débil, y de repente le sucede a uno algo muy alegre. Inmediatamente se puede activar el cuerpo etéreo a través de esa alegría, de ese movimiento del alma.

W.W.: ¿Cómo se puede describir el alma como tal, por ejemplo, comparando un ser anímico con un ser vegetal, que solo tiene un cuerpo etéreo?

Etschewit: La mejor manera de acercar el alma a un joven es con los colores. Con el alma siempre surge un espacio interior. Y ese espacio interior anímico puede representarse con colores, por ejemplo, el enamoramiento o el amor con el rojo, la tristeza con el azul oscuro o el negro. Así que los diferentes sentimientos se representan en el alma como colores. En un momento tal, uno ya no está con el cuerpo etéreo que fluye. El color tiene una cierta persistencia. Los colores y las impresiones anímicas también cambian, pero no tan rápido, son más lentos, no fluyen tan rápido. Así que el alma se puede explicar bien a través de esas estructuras de colores.

W.W.: ¿Cómo se puede describir ese espacio interior?

Etschewit: Podemos hacer como si nos encontramos en un determinado estado de ánimo, aunque nos encontremos exactamente en el estado de ánimo contrario. Uno puede sufrir mal de amores y reflejar armonía hacia el exterior. Eso demuestra que se tiene un espacio interior que puede cerrarse al exterior, que no se muestra al exterior. De forma que el alma tiene algo de interior.

Alma sensible, alma racional y alma consciente

W.W.: Con un poco más de detalle, ¿cómo se puede describir los tres ámbitos del alma: el alma sensible, el alma racional y el alma consciente?

Etschewit: La mejor manera de explicar esto a un joven, es a través de otras personas más jóvenes, empezando por un niño pequeño. El niño pequeño mayormente vive solo en el instante, vive casi exclusivamente en los sentimientos que tiene en el instante, ya sean sentimientos alegres o tristes. Los niños pequeños viven en la sensación: eso es el alma sensible. Eso también se puede describir en relación con los adultos y en relación con uno mismo, es decir, que uno siempre tiene un cierto ámbito de sentimientos no dirigidos.

Cuando uno ha logrado manejar conscientemente esos sentimientos, se entra en el reino del alma racional. Entonces se puede hablar de la dirección de la consciencia, de que algo superior está actuando sobre las zonas inferiores del alma, de que uno frena tales sentimientos no dirigidos y finalmente los trasciende con la moral.

Si uno entra en las capas de la moral, se toma contacto con las capas del alma consciente. Con la dirección del yo, el alma comienza a conquistar otra capa, la del alma consciente. Pero también ya en el ámbito del alma racional hay moralidad, pues la razón entiende la moralidad.

Del alma al espíritu

W.W.: ¿Puedes explicar también para el ámbito del alma consciente la diferencia entre alma y espíritu?

Etschewit: En el alma consciente se despierta la capacidad del yo, y el yo es ahí por un lado alma y por otro espíritu. Allí donde surge la consciencia del espíritu, vive el yo, actúa el yo. Se puede ser muy consciente, pero a pesar de ello no tener consciencia del espíritu. Sin embargo, cuando se añade la consciencia del espíritu, uno ha alcanzado su punto del yo.

Uno comprende el espíritu en el momento en que uno comprende una instancia superior. ¿Por qué uno se siente mejor cuando dice la verdad? No es solo algo adquirido, sino que con la verdad se toca algo superior. ¿Por qué uno se siente peor cuando miente? Porque no se alcanza la verdad o estrato superior alguno.

Así que uno se siente mejor cuando dice la verdad, porque la verdad es algo espiritual. El hombre tiene a través de eso el acceso inicial al espíritu, y por eso uno se siente mejor cuando se dirige hacia el espíritu, por ejemplo, a través de la verdad. A través de eso, uno puede obtener una cierta comprensión del espíritu. Se obtiene de esa forma cierto sentimiento de que hay algo más elevado en el ser humano.

En el yo surge la consciencia de que el ser humano es un ser espiritual. Al mismo tiempo, el ser humano es, no obstante, también un ser anímico, etéreo y material. Pero es un acto del yo cuando el hombre siente el espíritu en sí mismo, pues entonces se encuentra consigo mismo. En el momento en que uno se encuentra consigo mismo, uno vive su espíritu.

El ángel de la guarda

W.W.: Imaginémonos de nuevo a una persona que rara vez o todavía nunca ha pensado en las entidades espirituales, quizás a una persona joven, pero que en principio estaría abierta a ellas. ¿Cómo explicarías a tal persona la naturaleza del ángel de la guarda?

Etschewit: Los ángeles de la guarda no son tan extremadamente diferentes de los seres humanos. Eso tiene que ser así, porque actúan de forma tan íntima e intensa en el ser humano respectivo. Tienen que ser capaces de comprender la mayor parte del ser humano, de convivir con él. La distancia debe ser corta para que puedan ser ángeles de la guarda. Eso es inherente al sistema. Suelo usar este término a disgusto, pero aquí es apropiado.

También se podría partir de la imagen del ángel que muchas personas han retratado. Gran parte de ella es correcta, pero por supuesto no toda. Todas las versiones cursilonas de un ángel con forma humana deberían ser desterradas de la imaginación, pero muchas ilustraciones del arte sagrado representan al ángel, con sus modestos medios, de forma relativamente real, como una huella física de una realidad espiritual. Algo así podría ser mostrado a los jóvenes en cuestión. Lo interesante del ángel, incluso en la representación figurada, es que un ángel no solo tiene brazos sino también alas. Con esas alas el ángel puede llegar a muchos lugares.

Si el joven objeta entonces que el ángel está en el mundo espiritual de todos modos, lo cual es una buena objeción, entonces se puede responder que el ángel precisamente tiene alas y así puede llegar en el mundo espiritual a los más diversos lugares. Los ángeles pueden volar en el mundo espiritual, vosotros los humanos no podéis hacerlo tan fácilmente si estáis muertos. Si estáis muertos, no sois de repente ángeles y tampoco tenéis alas de pronto.

Permaneciendo en la comparación: vosotros tenéis que caminar, mientras que el ángel puede volar. Esa es una diferencia notable entre el hombre y el ángel. Entre vosotros, seres humanos, incluso entre vosotros los antropósofos, parece haber una idea, no infrecuente, de que cuando uno llega al mundo espiritual sois como ángeles. Eso no es cierto, pues no tenéis alas.

W.W.: En el mundo espiritual, ¿qué significa volar?

Etschewit: Significa tener una consciencia superior. Pero vosotros los humanos no la tenéis. El ángel abarca períodos de tiempo mucho más amplios que el ser humano. El ángel siempre sabe lo que ocurrió en la última vida terrenal del ser humano. Sabe por qué te ocurre algo imprevisto en un momento determinado de tu vida actual en la Tierra, es decir, una coincidencia, por llamarlas así. Pues esa llamada coincidencia está relacionada con la anterior vida terrenal. También sabe por qué hay una persona con una determinada discapacidad. Eso también puede relacionarse con la anterior vida en la Tierra.

Cuando un ser humano muere, puede mirar en la crónica akáshica, puede participar en la omnisciencia, pero de ninguna forma puede captar muchas dimensiones. Sería como poner a un alumno de primaria en una clase preuniversitaria: oye a los alumnos mayores hablar en su idioma, pero no entiende el contenido de las palabras. Esa es la diferencia entre un ser humano y un ángel. El ángel puede comprender interrelaciones mucho más amplias, contenidos mucho más complejos.

El cuerpo etéreo del ángel

W.W.: Un ángel también tiene un cuerpo vital. En los seres humanos, el cuerpo etéreo es el ámbito que, regulado por la voluntad superior, construye el cuerpo físico y lo mantiene vivo, y también forma la base de la memoria, al igual que es un medio de almacenamiento suprasensible de todas las percepciones. Un ángel no necesita casi nada de eso, ya que no tiene cuerpo físico y tampoco memoria humana, pues no puede olvidar nada. ¿Qué tarea o qué peculiaridad tiene el cuerpo etéreo del ángel?

Etschewit: El ángel tiene un cuerpo etéreo, pero una de las funciones del cuerpo etéreo es la de ser un almacén de memoria; en ese sentido el ángel utiliza precisamente su cuerpo etéreo como almacén de memoria, por decirlo de forma sencilla. Lo utiliza como su almacén personal de recuerdos. Los arcángeles ya no tienen un almacén de memoria personal, pues han dejado su cuerpo etéreo. Para decirlo técnicamente, hay una diferencia entre lo que se tiene en el disco duro personal y lo que está en Internet. Así precisamente es como el almacén de memoria personal del cuerpo etéreo en un ángel se relaciona con la omnisciencia.

También la omnisciencia, la crónica akáshica, es para el ángel un ámbito muy grande, que no siempre puede abarcar inmediatamente por entero. Su cuerpo etéreo personal, con su almacén de memoria personal, le resulta por eso mucho más cercano. Puede utilizar todo su cuerpo etéreo, toda la capacidad de su cuerpo etéreo como almacén de memoria. No necesita mantener mediante fuerzas vitales un cuerpo físico en vida.

W.W.: ¿Así que esa es la tarea principal del cuerpo etéreo del ángel?

Etschewit: Sí. En ese cuerpo etéreo él tiene no solo las impresiones de la memoria de la vida del ángel, sino todos los recuerdos de todas las vidas terrenales de su ser humano. Pues esa es la tarea de cada ángel de la guarda. Es parte de su tarea como ángel de la guarda no leer continuamente solo en la crónica akáshica, sino ser capaz de acceder a su propio almacén de memoria. Los tiempos de acceso son, por tanto, mucho más cortos para el ángel.

¿Hay tiempo en el mundo espiritual? ¿Sí o no?

W.W.: Sí.

Etschewit: Así es

El ángel y el ser humano

W.W.: ¿Cómo percibe el ángel al ser humano?

Etschewit: Los ángeles son, en general, también seres anímicos. Por eso el ángel percibe fundamentalmente el alma del ser humano. Pues vosotros, los humanos, también pertenecéis a los seres anímicos. Pero el ángel también puede percibir lo etéreo y, hasta cierto punto, lo físico. Debe ser capaz de percibir lo físico en la medida en que las consecuencias kármicas se imprimen desde lo etéreo en lo físico. Pero si el ser humano se dedica en el presente a hacer culturismo y a entrenar su cuerpo físico, este ámbito no es importante para el ángel. El karma se imprime en el cuerpo etéreo, pero el cuerpo etéreo actúa de manera formativa en el cuerpo físico, descendiendo hasta lo físico. El cuerpo etéreo también determina ciertos patrones de enfermedad dentro de lo físico. El ángel también debe ser, hasta cierto grado, capaz de ver esto. El ángel tiene que instruir y guiar al espíritu elemental del cuerpo en esos momentos. El ángel tiene una relación intensa con el espíritu elemental del cuerpo de cada ser humano; exactamente igual que el sí mismo superior del ser humano.

W.W.: Tomemos la relación entre el ángel de la guarda y el ser humano. ¿Qué intensidad tiene esta relación durante el día? ¿El ángel guía, observa y protege continuamente al ser humano, por ejemplo, incluso en situaciones en las que una persona viaja en tren durante ocho horas y está leyendo? ¿No es un poco aburrido para el ángel en tales situaciones?

Etschewit: Supongamos que tú tienes a un niño pequeño al que cuides continuamente. No tienes por qué ejercer el llamado cuidado-helicóptero, sino una atención más o menos constante. Cuando el niño está dormido, puedes hacer las demás tareas domésticas aparte. La relación entre el ser humano y el ángel es similar, salvo que el ángel se ocupa muy intensamente del ser humano durante su sueño. Por eso el ejemplo cojea un poco, pero en principio es tan parecido que hay fases en las que el ángel está muy intensamente con el ser humano, mientras que también hay otras en las que puede descuidarse un poco. Cuando una persona está sentada en el tren leyendo un libro y la situación en general no es peligrosa, el ángel se alegra de que asciendan a la persona imágenes bellas a través de la lectura. Al mismo tiempo, el ángel puede ocuparse de su propio hogar, pues el ángel precisamente tiene una individualidad y también tiene sus tareas que realizar, que van más allá del respectivo ser humano. Por ejemplo, tiene que comunicarse con los otros ángeles guardianes de las otras personas, al igual que también tiene que preparar y planear la próxima vida en la tierra.

Cuando al ser humano le amenaza el peligro

W.W.: ¿Qué hace el ángel si el ser humano se encuentra en una situación peligrosa y el ángel ve por anticipado que está a punto de ocurrir algo peligroso?

Etschewit: Si no se trata de una situación kármica que deba suceder, la situación es diferente para el ángel. Podría, por ejemplo, hacer que uno perdiera el tren que luego tendrá un accidente. Puede que se las arregle para que uno intercambie algunas palabras de más con otra persona en la estación, o algo similar, para que no coja el tren. También podría hacer que el despertador no suene. También podría sobrevenir un resfriado que impidiera que el viaje se emprendiese.

W.W.: Pero esa es una situación en la que el ángel tal vez pueda ver con antelación en un pequeño periodo de tiempo que el tren tendrá un accidente. Pero tomemos otro ejemplo: Pongamos por caso a una persona que se ve envuelta en algún tipo de tumulto, en el que en un instante —no planificado— surge una situación de peligro para los transeúntes, situación que puede surgir, pero que no tiene por qué surgir. Aquí el ángel puede no saber que se producirá tal situación peligrosa para su ser humano. ¿Qué hace el ángel, en el sentido de una atención superior, en un momento semejante?

Etschewit: Si se trata de un país en el que surgen constantemente tales situaciones, por ejemplo, situaciones de guerra o de guerra civil, entonces a menudo el fundamento de la encarnación en ese país es kármica, aunque no siempre. Aquí hay una atención superior continua del ángel hacia su humano. Si se produce una disturbio directo o una situación violenta a través de muchas personas, el ángel también puede cuidar de que uno no vaya a parar en ese momento a la situación.

W.W.: Pero tomemos una situación en la que dos grupos de personas tienen una pelea violenta en algún lugar, o quieren pelearse o asesinarse incluso, y la persona en cuestión con su ángel da cerca de allí, más o menos por casualidad. ¿Qué hace el ángel?

Etschewit: Intenta que esa persona tome caminos que no vayan a dar en esa situación. Pero eso solo es así si la relación con el ángel no es una relación demasiado floja.

W.W.: Entonces un materialista objetaría que los ángeles, de las personas que quizás son atacadas por otro grupo de personas, tendrían que o podrían haber hecho lo mismo con sus seres humanos.

Etschewit: Aquí siempre hay que tener en cuenta el karma. Pero, por supuesto, hay que objetar que no todo es destino.

W.W.: Entonces haré una pregunta un poco más categórica. Por total arbitrariedad, un hombre decide disparar a unas cuantas personas. Lo hace en un lugar público, y decide disparar a la tercera y a la quinta persona que se crucen en su camino; sin ninguna razón, solo por azar. ¿Por qué el ángel ayuda a una persona, pero no a la otra?

Etschewit: Si todos los ángeles ayudaran siempre a todo el mundo, apenas pasaría nada en la Tierra y la libertad ya no sería posible. Cuando un criminal dispara indiscriminadamente a la gente, lo hace por libertad, no por razones kármicas. Sin embargo, las personas que caminan a su alrededor también tienen un ángel de la guarda. El ángel del criminal informa a los ángeles de las otras personas que se encuentran en las cercanías. Entonces es también tarea de los respectivos ángeles decidir rápidamente si intervienen o no. Por ejemplo, podría encajar en el karma de una persona que recibe un disparo, que consiga una relación con el agresor; pero también lo contrario. Eso es muy complicado y solo puede decidirse en cada caso particular. En ese punto hay que tener en cuenta el karma y la libertad y también la relación de la persona con su respectivo ángel.

También pueden sobrevenir situaciones, como por ejemplo con los numerosos atentados islamistas de los últimos años, en que algo surja en ese momento y los ángeles ya no puedan intervenir. Especialmente en el caso de un ataque islamista surgen nubes muy oscuras, con las que se conectan también los más diversos seres oscuros, que por su parte también oscurecen e impiden la conexión entre los seres humanos y los ángeles, de modo que los ángeles ya no pueden intervenir. Todo eso es bastante complicado. A los ángeles tal vez les gustaría poder ayudar, pero no pueden. No pueden informar a sus humanos ni redirigirlos de alguna forma porque los seres negativos se interponen.

Propiamente un ángel siempre ayuda, lo que no significa que dirija al ser humano. Pues entonces el ser humano no sería libre. La eventual ayuda de un ángel es siempre en un muy pequeño grado. Tampoco puede ayudar siempre, por eso he dicho que el ángel, en principio, siempre ayuda al ser humano. Le gustaría ayudar siempre, pero no siempre puede. Incluso le gustaría que el ser humano se convirtiese en un ángel lo más rápidamente posible, pues entonces el ángel podría ascender un peldaño más para convertirse en arcángel.

W.W.: Eso suena casi como un tipo de carrera profesional...

Etschewit: En términos humanos se podría representar así. Desde el punto de vista de los ángeles, por supuesto, la cosa tiene otro aspecto, pues se trata de las tareas superiores.

En las situaciones en las que surge algo imprevisto en torno al ser humano, puede ocurrir ciertamente que el ángel no pueda intervenir debido a las situaciones descritas anteriormente, causadas por las entidades oscuras. Pero también puede ocurrir que intervengan seres superiores al ángel, porque se necesita algo muy concreto en ese momento y el ángel tampoco puede percibirlo. Eso también se da. En una situación así, el ángel se ve obligado a no hacer nada.

La situación en la que un ángel no ayude en un acto libre de otro ser humano no se da. El ángel siempre quiere ayudar. Pero a menudo no puede. También hay que tener en cuenta la conexión entre la persona y el ángel, que puede ser más intensa o estar más bien muy debilitada.

Encuentro nocturno con el ángel

W.W.: ¿Qué hace el ángel cuando el ser humano está dormido y se produce una conexión más intensa entre los dos seres?

Etschewit: Tratan los acontecimientos del día anterior, y cambian la planificación de la vida en función de los acontecimientos del día, pues en cada día hay contribuciones libres del ser humano que cambian el futuro. Por la noche las personas se encuentran con otras personas que igualmente duermen, pero sobre todo con los ángeles de las personas que están relacionadas con el respectivo cambio de planes. Estos seres acompañan y tratan el futuro próximo de las personas a su cargo. Pero como siempre se trata de una sola noche, estas conversaciones y este repaso de los acontecimientos del día y la mirada inicial al futuro solo alcanzan un cierto horizonte. Es el horizonte que se puede alcanzar a partir de una noche. No será la siguiente encarnación, ni mucho menos la subsiguiente, la que se resuelva en una noche. Por lo tanto, solo se tratará de lo que se ha producido y se ha cambiado en el futuro próximo por los actos de la persona.

Pero si el ser humano duerme muy poco, puede ser incluso que los seres espirituales lo consuman sin la participación del ser humano. Tienen que hacerlo porque hay necesidad de regulación. Si el ser humano duerme más, está más involucrado en esos procesos.

Chocolate para el ángel

W.W.: ¿Puedes explicar todavía cómo se comunican los ángeles entre sí?

Etschewit: Piensan juntos y perciben pensamientos. Al igual que los humanos habláis entre vosotros con la voz, los ángeles piensan juntos en los pensamientos y los perciben. Pero estas son formas de pensamiento más elevadas de lo que vosotros los humanos llamáis pensamiento. Entre vosotros, los humanos, hay mucha más cantidad de alma en el pensamiento. Pero incluso la comunicación de los ángeles entre sí en forma de pensamientos sigue siendo más bien la forma inferior de pensamiento de los ángeles.

W.W.: ¿Tendría también sentido transmitir al ángel ocasionalmente a través del pensamiento que en la próxima hora o en la siguiente se está completamente bajo control, para que él también pueda dedicarse a otras conexiones?

Etschewit: Eso es bastante sensato, pero de todas formas habría que evitar en lo posible preciarse por cualquier cosa relacionada siquiera de lejos con la arrogancia. El hombre llega a sobrevalorarse muy rápidamente, y la visión de conjunto del ángel es siempre mayor.

W.W.: ¿Qué sucede cuando se recita una plegaria para el propio ángel?

Etschewit: Eso es chocolate para el ángel. Se siente tomado en consideración, se siente incluido, y con una plegaria uno le hace la vida un poco más fácil. También se puede hacer que la plegaria al propio ángel sea muy corta como, por ejemplo: «¡Gracias, ángel!».

Entidades arbóreas, florales y acuáticas

Preguntas de Wolfgang Weirauch a Etschewit

Con esta conversación comenzamos a hablar de los diferentes ámbitos de nuestro mundo sensible, de las entidades de la naturaleza y de otras entidades suprasensibles que habitan en ellos y los dirigen. Debemos representarnos nuestro mundo sensible de tal forma que no quede nada en él —desde las piedras hasta las plantas, pasando por las máquinas y el mundo digital—, que no esté impregnado de entidades suprasensibles.
En esta conversación, Etschewit también habla, entre otras cosas, de cómo uno, si está abierto a las diversas entidades de la naturaleza, puede acercarse a ellas.

Continuación de la entrevista a Etschewit del 18 de julio de 2018

Primer contacto con las entidades arbóreas

W.W.: Imaginémonos a una persona que no tenga contacto con las entidades espirituales o con las entidades naturales, que tampoco tenga percepciones suprasensibles en la naturaleza, pero que sin embargo esté abierta a ellas.
Supongamos a una persona que sospeche que hay entidades naturales en la naturaleza y a quien le gustaría establecer contacto con ellas, aunque no pueda verlas. Tomemos como ejemplo un árbol. ¿Qué le dirías que podría hacer si quisiera establecer un contacto más estrecho con las distintas entidades arbóreas?
Etschewit: Lo mejor sería, primero, apoyarse en el árbol. Apoyarse en un árbol es una forma relativamente buena de establecer contacto. Al principio bastaría con sentir el árbol. En general la manera más sensata, si queréis establecer contacto con las entidades elementales u otras entidades

de la naturaleza, es tocar o entrar en contacto con el elemento respectivo, o con lo físico del mundo de las entidades naturales que esté presente en la Tierra. Si uno quiere sentir a un árbol, es especialmente importante tocarlo; al igual que si uno quiere percibir un estanque, es importante sumergir los pies o las manos en el agua.

Una entidad del pantano, por ejemplo, también puede ser percibida a través de los movimientos del aire en el pantano; una entidad ígnea puede ser percibida al tener un encuentro algo más intenso con el fuego, sin quemarse, desde luego.

¿Cómo puedo conseguir un encuentro con una entidad animal? Por ejemplo, observando un poco más de cerca el entorno en el que vive el animal, fijándome en cómo se mueve el animal... También se puede tocar una planta pequeña, oler la flor, percibir su forma. Algunas plantas incluso se pueden comer y percibir su sabor al masticarlas. Si lo haces con esa intención, la entidad respectiva es feliz porque la percibes. Percibir es una palabra hermosa y de doble sentido en alemán, porque uno no solo se da cuenta de la verdad, sino que también la asume [4].

Estos serían los inicios de la percepción en relación con las entidades naturales. No es lo ideal sentarse entre cuatro paredes blancas para establecer todos estos contactos puramente con la imaginación. Entonces lo más probable será que no acabes entre las entidades de la naturaleza deseadas, sino con otras. Por ejemplo, puede surgir de uno mismo cualquier quimera que no tenga nada que ver con las entidades realmente deseadas.

Espíritus de los árboles — Dríades — Pastores de los árboles

W.W.: Si uno se dedica a un árbol, lo percibe, se apoya en él, ¿cuál sería el paso siguiente?

Etschewit: Sería deseable acercarse a la entidad respectiva en la naturaleza tan a menudo como fuese posible, pues entonces surge un contacto más intenso. El siguiente paso sería, tras la percepción externa, percibir el árbol también en el interior. Es bueno imaginarse a sí mismo como el árbol. Ese sería el siguiente paso, muy importante.

Entonces puede suceder que de repente uno tenga la sensación de que realmente hay presente algo de carácter esencial. Esa impresión debes

4   La palabra alemana «wahrnehmen» (percibir) está compuesta por «Wahr» (verdad) y «nehmen» (tomar, aceptar). (N. del T.).

creerla. Confía en tus sueños. Confía en tus sensaciones. Es fatal que vosotros los humanos dudéis siempre de inmediato; que tengáis miedo y queráis ir demasiado rápido, que seáis impacientes y creáis siempre solo en el mundo supuestamente real, igual que creéis en las ciencias naturales. ¿Quién dice que este mundo sea realmente tan real como lo imagináis y que las ciencias naturales no se equivoquen? Confiad en las sensaciones que os surjan en el proceso.

W.W.: ¿Qué hacer si uno siente por primera vez que una entidad está mirando?

Etschewit: Habría que desarrollar empatía en lo posible, porque sin ella no se puede hacer nada. Puedes saludar a la entidad. También puedes esperar y ver cómo se comporta dicha entidad. Puede ser tímida, puede ser reacia hacia las personas. Hay entidades arbóreas que seguramente han tenido muy malas experiencias con las personas. Tenéis que saber que no todas estas entidades tendrán una actitud positiva hacia vosotros.

Pero si buscas un árbol hermoso en un lugar hermoso de la Tierra, ese espíritu arbóreo tendrá, por regla general, buenos sentimientos hacia los seres humanos. Pues esas entidades se alegrarán de que se les preste atención. No obstante, eso no tiene por qué ser necesariamente así, y hay que decirlo muy claramente. Puede ser que vuestra apariencia bienhechora se abra paso con vosotros, vayáis a una obra en la que se ha dañado a un árbol y queráis protegerlo o tomarlo en consideración de manera especial. Entonces tenéis que contar con el hecho de que el espíritu de ese árbol no esté bien dispuesto hacia vosotros. Es posible que os transfiera el rechazo que tiene hacia las personas en general.

W.W.: ¿Qué entidades hay en un árbol?

Etschewit: Muchas. Por un lado, está el espíritu del árbol ya mencionado. Además está la dríade. La dríade no es el espíritu arbóreo. La dríade es —comparándolo con el ser humano— el espíritu elemental del cuerpo de un árbol, por así decirlo.

Del mismo modo, el elfo no es la planta ni la flor. El elfo es el ángel guardián de la planta, aunque no esté al nivel de los ángeles. Al igual que la dríade, el elfo tiene una función protectora, de crianza y cuidado. Una dríade no es necesariamente responsable de un solo árbol, sino que también puede serlo de un grupo. En realidad, no hay ningún árbol del que no se ocupe una dríade.

Luego están los pastores de árboles. Son responsables de muchos más árboles en una zona más amplia. En cada zona están, por supuesto, las entidades responsables del paisaje respectivo, y ellas también están vinculadas al árbol. Puede ser el propio bosque o un grupo más pequeño de árboles o un determinado valle, una arboleda o algo similar. Si ahora tomamos un paisaje enorme, como el valle del Rin, la entidad paisajística responsable de él no estará vinculada tan claramente a un solo árbol, sino que habrá que fijarse más abajo, en la respectiva entidad paisajística menor, que por su parte se ocupará de árboles individuales y de grupos de árboles. Puede ser, por ejemplo, un claro.

Además, hay otras entidades más pequeñas que actúan en el árbol correspondiente. Cada árbol contiene ondinas que se encargan de los fluidos del árbol. Luego hay entidades de las hojas y entidades de la madera. Y también hay entidades aéreas. Si se trata de un árbol frutal, hay entidades de las manzanas, o de las ciruelas, u otras entidades relacionadas con la fruta. Así que hay entidades en la flor, al igual que hay entidades en la fruta particular. Los silfos se ocupan de las flores, las salamandras de los frutos. Más allá, hay entidades que cuidan de los animales que están relacionados con el árbol, como las entidades de los escarabajos o las entidades de los pájaros. Además, hay entidades de la corteza y entidades de la tierra en la zona de la raíz. También, si allí hay metales, hay enanos de las raíces —no solo los gnomos que están en el suelo—. Así que un árbol gestiona todo un cosmos de entidades diferentes. Todos estas entidades podrían encontrarse con vosotros si, como seres humanos, os dedicáis a un árbol.

Entidades florales

W.W.: Y si el elfo es una especie de espíritu protector o espíritu elemental del cuerpo de una flor, ¿qué entidad, qué espíritu es el espíritu de la flor?

Etschewit: Yo no hablaría ahora de espíritu de la flor, suena demasiado fuerte. Ya que si te imaginas una pequeña violeta anidada en alguna grieta de una pared, el término de espíritu no se ajusta a esa entidad tan bien como el de espíritu arbóreo se ajusta al árbol; por eso, en relación con una flor, yo hablaría de entidad floral. Con un girasol muy grande es un poco diferente, pero con la mayoría de las flores no es así, sino que son entidades más pequeñas.

W.W.: ¿Y qué relación tiene esa entidad floral con el yo de la planta?

Etschewit: Es como tu relación con tu ángel de la guarda, solo que dos niveles más abajo. Por supuesto, también hay un yo y un alma de la planta. En todas nuestras conversaciones no hemos tratado realmente del alma de la planta. Al igual que el árbol, la flor tiene entidades de las hojas y silfos en los brotes. También como el árbol tiene un cuerpo etéreo, entidades de las raíces y mucho más. En las raíces viven los gnomos de las raíces, no cualquier enano, pues los enanos no se ocupan de las raíces; a menos que haya metales cerca. Pero si hay metales en el suelo, los enanos tienen que estar presentes.

W.W.: Si una persona desea establecer contacto con una planta floral y sus entidades florales, como puede hacerlo con el espíritu arbóreo en un árbol, ¿debe hacerlo con una planta florecida, o es indiferente?

Etschewit: Por supuesto, también funciona con una planta no florecida. Pero las flores son especialmente comunicativas con vuestra alma humana. Es más fácil que os comuniquéis con una planta florecida. Es una ayuda para el ser humano si la planta florece.

Hadas

W.W.: ¿Qué es un hada?

Etschewit: Las hadas son confundidas a menudo con los elfos. Sin embargo las hadas son un tipo de entidades paisajísticas: podríamos llamarlas seres-alma de los paisajes.

Entidades acuáticas

W.W.: Tomemos a un ser humano que quiera entrar en contacto con una entidad acuática, en un lago, en un río, en el mar... ¿Podrías explicar antes de nada qué entidades viven en esos tres ámbitos acuáticos?

Etschewit: En general, hay ondinas en todas las aguas, y en grandes cantidades. Pero en el agua no solo hay ondinas, es muy importante que lo sepáis. Como también hay aire en el agua, hay precisamente muchos silfos allí. Si no hubiera aire en el agua los peces no podrían respirar. Cuanto más burbujeante sea el agua, por ejemplo, un arroyuelo espumoso, más silfos habrá allí. Esos son los silfos húmedos.

Luego está la entidad del río, al que la gente solía referirse antes como deidad del río. La deidad del Rin es la entidad fluvial del Rin. Sin embargo en el caso de un arroyuelo no se habla precisamente de dioses.

W.W.: ¿Qué clase de entidades son esas entidades fluviales menores y mayores?

Etschewit: Son entidades elementales superiores. En los ríos más grandes y también en los de importancia histórica, como el Rubicón, son ángeles que suelen tener tareas especiales, como la administración del río. Se les podría llamar ángeles acuáticos. Todas las entidades que administran un río y no son ángeles son entidades elementales superiores.

Luego están las ninfas. Las ninfas no solo están en el mar, también pueden estar en los estanques. En realidad, las ninfas aparecen en cualquier parte donde haya agua, y en los ríos por supuesto.

W.W.: ¿Qué clase de entidades son?

Etschewit: Son comparables a las dríades de las plantas, es decir, espíritus protectores o espíritus elementales del cuerpo de las zonas acuáticas. Sin embargo, las ninfas casi siempre aparecen en grupos. A las ninfas no se las suele encontrar solas, aunque pueda haber estanques muy tranquilos en algún bosquecillo donde solo viva una ninfa. Las ninfas hacen lo mismo que los elfos con las plantas: ponen en comunicación el agua y lo que la rodea o lo que el agua contiene. Así que se comunican con los seres vivientes del agua, al igual que lo hacen con el lecho del río o del estanque, con la orilla del mar y con las plantas circundantes. Por eso las ninfas se encuentran menos en medio de los océanos, en el caso del mar, que en las zonas de playa. Las ninfas están donde hay movimiento de olas, donde viven las focas y los peces. En los llamados mares de altura, como los llamáis los humanos —donde el fondo tiene algunos miles de metros de profundidad, donde no hay tierra en decenas de kilómetros a la redonda, lugares bastante comunes en el planeta—, no hay ninfas, en realidad. Porque allí no hay mucho con que comunicar, a lo sumo con algunos peces. En altamar no hay tantos peces como en las zonas más cercanas a las costas. La altamar está bastante vacía: hay agua, aire y muy poco más. Recientemente, mucho plástico.

Las ninfas viven donde hay grandes posibilidades de comunicación, también entre ellas, pero sobre todo con los bancos de peces o, en el caso de los ríos, con la entidad fluvial; en el caso del mar con la playa, con las otras orillas, con los árboles y con otras plantas de la orilla. Tomemos un río que tiene muchos árboles en las orillas: en los árboles están las dríades, en el río las ninfas, y ambas entidades se comunican entre sí.

W.W.: ¿Cómo se comunica una ninfa con un dios fluvial?

Etschewit: A nivel etéreo. Ese es un tipo de lenguaje, entre otras cosas, el tipo de lenguaje con el que habla Verena conmigo.

W.W.: ¿Y de qué hablan entre ellos?

Etschewit: Con los ríos, por ejemplo, estas entidades hablan de la contaminación del río y de lo que se puede hacer para que puedan volver a vivir en el río más peces u otros animales. Hablan de cómo cuidar de las larvas de los insectos porque, por ejemplo, vuelve a haber más hidróxido de potasio en el río. Hablan del contenido de sustancias en el fondo, por ejemplo, de los metales pesados que hay allí. Antes también hablaban del oro en el río, porque casi todos los ríos contienen oro.

Por supuesto, también se comunican sobre si tiene sentido desplazar el río un poco, o sobre cómo hacer que el río serpentee más. Hablan de si la curva debe estar más en este o en aquel lugar. Hay una negociación muy larga al respecto; pero para vosotros sería muy tedioso escuchar tales cuestiones tan detalladas. A menudo se trata sobre piedras individuales, guijarros, arbustos, árboles... sobre el crecimiento de las plantas en las orillas o en el agua; se trata sobre si debiera haber alisos o valeriana creciendo allí o no. Esas cuestiones particulares se discuten durante horas. Vosotros los humanos no soportaríais en absoluto discusiones tan detalladas. Os volveríais locos con tanta atención al detalle.

W.W.: ¿Hay otras entidades de las que aún no hemos hablado?

Etschewit: Sí, todavía no hemos abordado el nöck. Los nöcken se encuentran principalmente en los estanques, pero también en los ríos, y menos en el mar. Los nöcken son entidades de los tramos. Son entidades inmóviles. Por eso me definí como un nöck en una anterior conversación informal con Verena, Friedrich y contigo. Yo soy el nöck de este molino de agua, de la presa y de cierto tramo del río local, aunque por otra parte soy mucho más que eso. Así que los nöcken son entidades de los tramos que cuidan de un determinado tramo fluvial o de un estanque. A los humanos, frecuentemente, los nöcken os parecemos inquietantes.

W.W.: ¿Por qué?

Etschewit: Cuando un ser humano los percibe, y en realidad esto puede ocurrir fácilmente, pues a menudo viven cerca de los humanos, tienen una apariencia bastante lúgubre. Los seres humanos capaces de verlos por primera vez vivencian a un nöck como un hombre lúgubre, de color verde-azulado o con barba. Pero eso tiene que ver con el hecho de que dicha entidad tiene muchas partes etéreas diferentes.

W.W.: ¿Entonces un río tiene diferentes nöcken, de tramo a tramo?

Etschewit: Exactamente. Las ninfas, en cambio, no están necesariamente ligadas a un lugar concreto, ya que pueden actuar en un río desde su nacimiento hasta su desembocadura. Un río tiene muchas ninfas, aunque las ninfas tengan cierto tamaño. La consecuencia de eso es que un río muy pequeño no puede tener incontables ninfas, sino solo determinado número. Tienen que encajar etéreamente en la masa de agua. En el Amazonas, en el Nilo o en los enormes ríos asiáticos hay incontables ninfas, por supuesto.

W.W.: ¿Y qué entidades viven en el mar?

Etschewit: Una deidad marina es fácilmente tangible para vosotros, centroeuropeos, que a menudo seguís teniendo una educación humanista, pues estáis familiarizados con la figura de Poseidón. Así que ahí tenéis la representación de un ser que cabalga a través de las olas con sus corceles. Poseidón o Neptuno es en realidad la deidad clásica del Mediterráneo.

W.W.: ¿Cada mar tiene una entidad así, o un mar tiene varias de tales entidades?

Etschewit: Cada mar tiene una deidad así, y luego hay otra deidad situada por encima, a saber, el ángel de las aguas.

W.W.: ¿Y ese eres tú?

Etschewit: Sí.

Contacto con las entidades acuáticas

W.W.: ¿Qué debe hacer una persona que por primera vez quisiera entrar en contacto con una entidad acuática en una masa de agua?

Etschewit: Definitivamente debería entrar en contacto con el agua y sentarse muy cerca de ella. Es muy difícil entrar en contacto con una entidad acuática sentado en un despacho, al lado de una lámpara de escritorio, junto a un cuadro del Goetheanum. Mucha gente lo ha intentado. No es imposible pero tampoco aconsejable. De forma que uno debería salir, sentarse junto a un lago, por ejemplo, y sumergir los pies en el agua. Sería aún mejor sentarse completamente en el lago.

Entonces debería visualizar lo que es realmente el agua, porque el agua es una de las sustancias más interesantes en vuestra Tierra, pues el agua es líquida. El agua es la vida. El agua es lo que representa todo el mundo etéreo de la Tierra, esto es, todo lo que está vivo.

Si entonces rastreara lo que es la vida en realidad, la vida que igualmente fluye en uno mismo, entonces podría, por ejemplo, pensar en el hecho de que precisamente uno tiene muchas ondinas en su propio cuerpo. Pues sin ellas no se podría vivir de ningún modo. Si uno lo piensa así, es posible que perciba entidades acuáticas o entidades que acompañan al agua.

Pero esto no es posible si no se desarrolla la comprensión de que el agua es vida, de que el agua es éter, de que el agua es el elemento que fluye en este planeta. El agua es la manifestación de lo etéreo en lo físico. Pero el agua siempre trasciende lo físico. Lo único que hay en vuestro planeta que no vaya más allá de lo físico es lo físico-material mismo. Pero en este punto tendrías que continuar hablando con Kapuwu. El agua siempre tiene un componente no físico, siempre y en todas partes. Incluso en tu café y tu té. Uno no se muere de sed porque le falte el líquido, sino que se muere de sed porque le falta el componente suprasensible del agua.

W.W.: Si uno está sentado junto al agua, si ha entrado en contacto con el agua, ¿cuál sería el siguiente paso para una persona que quiera entrar en contacto con las entidades acuáticas?

Etschewit: ¡Espera, ten paciencia! De nada sirve llegar a un estanque con la mejor intención, sentarse, tocar el agua y marcharse a los cinco minutos. Quien solo se involucra con la naturaleza durante tan poco tiempo puede intentarlo infinitas veces y nunca establecerá contacto. Las entidades de la naturaleza deben ser capaces de establecer confianza en el ser humano, y el ser humano debe ser capaz de ganarse la confianza en cada situación respectiva. Eso lleva tiempo. Normalmente no ocurre con rapidez. Aunque hay entidades más rápidas que las entidades acuáticas.

Las entidades acuáticas son las segundas entidades más lentas; las más lentas son los gnomos. Los gnomos son muy lentos, por un lado, e increíblemente presentes por el otro. Eso es lo que siempre dice Kapuwu cuando afirma: «Yo siempre estoy aquí». Está aquí, pero no se lo percibe. Las entidades acuáticas son entidades algo más rápidas, pero todavía bastante lentas, porque la vida no es rápida. El alma y el espíritu son mucho más rápidos. Deshaceos de la idea de que la vida sea rápida. Eso es engañoso.

Experiencia personal y niños reyes

W.W.: De niño —tendría unos cinco o seis años— estaba en un jardín abandonado donde había un pequeña charca. Por encima de esa charca vi entidades de la naturaleza. Tenían una forma alargada, multicolores como una burbuja de jabón, eran muchas y bailaban en corro sobre la superficie del agua. No me acuerdo de las cabezas, pero definitivamente eran figuras alargadas y de gran tamaño. ¿Qué clase de entidades eran?

Etschewit: Es posible que fueran incluso hadas. Las hadas también aparecen en los cuentos cuando los niños nacen, cuando son niños especiales, cuando son hijos de reyes. Pero hoy en día, en Europa central, sois casi todos hijos de reyes, porque muchos en Europa central ya están muy avanzados en el desarrollo. Hay otras zonas de vuestro planeta donde no hay tanta gente que sea hija de reyes, porque han pasado por un desarrollo diferente. Pero eso no tiene nada que ver con ningún tipo de valoración.

W.W.: ¿Qué quieres decir con hijos de reyes?

Etschewit: Que ya han envejecido. No en vano en todos los cuentos de hadas y otras representaciones el rey suele ser una persona mayor. Los reyes suelen ser representados con barba, con lo que precisamente se simboliza la edad. A lo que se quiere aludir con eso es a una cierta madurez aquí sobre la Tierra. Y las personas que se están encarnando en Europa central en este momento son en gran medida personas que ya han estado en la Tierra varias veces y que tienen una cierta madurez, lo que no significa que sean mejores personas.

En la antroposofía a estas personas se las llama almas viejas, lo que no es un buen término. Yo las llamaría personas con un yo más antiguo, porque han vivido unas cuantas vidas terrestres más que otras. Por supuesto, el alma también envejece, pero un yo que ha pasado por muchas encarnaciones también se ha convertido en un yo más viejo.

Cuando las personas han pasado por muchas encarnaciones, alcanzan un nivel que en los cuentos de hadas se llamaba hijos de rey. Aunque la mayoría de las veces se les llamaba simplemente reyes. Si aún no han pasado por tantas vidas son, por ejemplo, príncipes u otras personas. Eso es cualquier cosa menos una valoración, es solo una designación de edad. Muchas de las personas que viven actualmente en Europa central son tales hijos de reyes. Y así es como se comportan a menudo, es decir, con bastante arrogancia hacia otras personas.

W.W.: Esas hadas que vi bailar sobre el estanque, ¿qué hacían en ese momento?

Etschewit: Bailaban en corro, se regocijaban por la vida. Se regocijaban en la quietud de ese jardín de hadas porque habían encontrado o conservado un lugar tranquilo dentro de un entorno urbano donde podían realizar lo que es su vida. Cuando bailan juntas, sucede algo. La danza es un movimiento al que se ha dado forma. Es como una runa escrita en el aire. Esa runa hace que algo suceda. Por eso la euritmia actúa, porque los movimientos con forma actúan de alguna forma. Podríais escribir un libro entero sobre eso, sobre lo que actúa en el mundo a través de los movimientos con forma. Pero no solo lo hacen las personas, sino también los animales.

Por ejemplo, ¿cuál es el efecto del movimiento con forma en la migración de los ñus o en la de los renos? ¿Qué movimientos con forma ejecuta la migración de las distintas especies de aves? Allí fluye la voluntad hacia el mundo. De esta forma las hadas bailaban provocando algo con ello. También creaban un espacio con ello.

Entidades acuáticas y seres humanos

W.W.: Si imaginamos de nuevo al ser humano que se sienta junto al agua y quiere emprender un acercamiento a las entidades de la naturaleza, pero no tiene percepciones, ¿cómo lo perciben, por su parte, a ese ser humano las entidades acuáticas, por ejemplo, el nöck o las ninfas, o la deidad fluvial o marina?

Etschewit: Me gustaría señalar que las más pequeñas ondinas no se interesan por los humanos, porque les tienen miedo. Las ondinas más grandes —es decir, las ninfas, los nöcken y otros seres de mayor tamaño—, sí que están interesadas por los humanos. Se acercan a las personas porque precisamente son curiosas. También quieren comunicarse, a veces incluso con mucha urgencia. Pues tienen entonces, por ejemplo, una oportunidad de mejorar la calidad de su agua si pueden encontrar al causante y dejarle claro cuál es el problema y qué contaminación está perturbando el agua. Las medidas de renaturalización de los ríos funcionarían así de forma mucho más armoniosa si se comunicara con esas entidades acuáticas.

De forma que cuando los humanos están en el agua y tratan de entrar en contacto nosotras, las entidades etéreas, nos colocamos delante de esas personas y vemos hasta qué punto es posible el contacto. Las entidades etéreas intentamos condensarnos, es decir, hacernos lo más visibles posible, aunque solemos darnos cuenta de que no basta. El paso que tenéis que dar los humanos, si queréis percibirnos, es soñar conscientemente.

Cuando la gente se baña en el mar

W.W.: Desde hace algunas décadas la gente se baña constantemente en el mar, cosa que antes no ocurría. Ahora la gente se tumba en las playas de Dinamarca, Italia, España o California y se lanza al agua en masa. Tal vez estén justificadamente felices disfrutando del agua. Las entidades acuáticas ven a estos millones de personas, pero prácticamente nadie piensa en las entidades del agua. ¿Cómo se puede evaluar esa relación?

Etschewit: Es una experiencia muy negativa para las entidades acuáticas, pues no estamos contentas con esas masas de gente insensible. Por un lado vemos la necesidad de comunicación con los seres humanos, pero por otro notamos constantemente la absoluta ignorancia de los seres humanos hacia nosotras; y eso es una gran dificultad en la relación general entre ellos y nosotras. Las entidades acuáticas que pueden evitan esas playas. Pero las entidades locales no pueden evitarlas. Las que tienen que quedarse es porque tienen que cumplir con su trabajo, y gruñen a la gente.

También experimentamos esa situación como una especie de robo, ya que las personas son atraídas por la energía vital del agua, porque ellas mismas son etéreamente débiles. Intentan, sin preguntar ni entregar nada a cambio, arrebatar continuamente esa energía vital del agua. Eso no agrada a nadie en el lugar. Por eso, las playas están como vaciadas después de cada temporada. Transmiten algo completamente vacío.

W.W.: Se nota cuando comparas la naturaleza un domingo por la mañana y un domingo por la tarde. Por la mañana todavía está fresca en todas partes, pero por la tarde es como si se hubiera agotado.

Desde tu punto de vista o del de otras entidades acuáticas, ¿cómo es que la gente no se ha bañado en el mar en toda la historia de la Tierra y desde hace unas décadas se mete en el agua en masa? En todo el tiempo de la Tierra la gente apenas ha entrado en el agua, y de repente todos se lanzan. Hoy es bastante normal, y es difícil imaginar que la gente no se bañase en el pasado. ¿Qué os parece?

Etschewit: La cultura del baño es muy reciente. La gente solía tener miedo de meterse al agua. Aunque tampoco veía la necesidad, no la tenía. Pues en el pasado la gente estaba mucho más viva. Bañarse es inconscientemente la vía correcta para vosotros los humanos, que sois etéreamente tan débiles. Inconscientemente tratáis de arrancar del agua las fuerzas que ya no tenéis. Ese es un signo del envejecimiento de vuestra humanidad.

Si se compara a los habitantes de Europa central con los de culturas más jóvenes, excluyendo la región del Pacífico, se observará que los habitantes de esas regiones tienden a no bañarse, porque no lo necesitan. Por supuesto, esa gente se baña cada vez más hoy en día, pero eso es básicamente una imitación de los habitantes de Europa central. La gente de Europa central son personas que necesitan cada vez más de lo que está vivo, porque lo etéreo en ellos se está secando paulatinamente. Y ahora esa cultura del baño, también por el aumento de vuestras posibilidades de movilidad, se está volviendo casi brutal. Se produce una carrera masiva hacia los mares de la Tierra. O se va a piscinas donde el agua precisamente está clorada y se ha escapado el último vestigio de vitalidad.

Por supuesto, otro antecedente esencial es que la gente es mucho más rica que hace cien años, o en épocas anteriores, y puede tomarse muchas vacaciones. Pero la cultura del viaje es más antigua que la cultura del baño, aunque solo fuera posible para personas distinguidas. Hace unos cientos de años las personas tampoco viajaban a países muy lejanos, porque esos lugares les daban miedo.

Las masas de gente chupan las fuerzas vitales del mar

W.W.: Pero me gustaría preguntar de nuevo sobre la situación de las entidades acuáticas. Durante su vida no han conocido que las personas se lanzasen al agua, y solo sabían de la gente desde cierta distancia a tierra, aparte de algunos que atravesaban los mares en barcos. De modo que había mucho menos contacto entre las entidades acuáticas y los humanos. Pero de pronto, decenas de millones de personas se lanzan al agua. Esa es una relación completamente diferente. ¿No puedes describirlo con más detalle?

Etschewit: Es nuevo para ellos, también emocionante, pero básicamente muy desagradable. Por supuesto, nosotras las entidades acuáticas también tuvimos que conocer los motivos de esta migración masiva hacia los mares y en los mares. Por supuesto, también conocemos las corrientes de cada época, y actualmente estáis viviendo con un espíritu de la época —Micael—, que representa la luz. La luz y el aire son los elementos que precisamente secan. Las fuerzas micaicas pertenecen a la luz y al aire, respectivamente, pues el aire es el portador de la luz. Por eso la cultura actual en la que vivís, bajo la dirección de Micael, es una cultura que deseca. La gente de hoy en día se da cuenta inconscientemente de que vive en una cultura y una época que desecan, y este componente ligero y aéreo les roba las fuerzas vitales, por lo que se sumergen en el agua para volver a aspirar de allí las fuerzas vitales agotadas.

Mis ondinas lo saben, por supuesto, aunque las más pequeñas no sean conscientes de esas grandes complejidades del mundo. Las pequeñas ondinas no tienen ni el tiempo ni el deseo ni la capacidad de hacerlo. Nosotras, las entidades acuáticas, vivimos eternamente y no podemos olvidar. En efecto, podemos entrar en diferentes planos, podemos cambiar, podemos dirigirnos a otras regiones cuando cambian en la Tierra. Pero las pequeñas ondinas no tienen permanentemente frente a sus ojos suprasensibles que hay cambios en el mundo, aunque en casos individuales las ondinas puedan por supuesto leer desde la omnisciencia las conexiones. Pero no lo hacen sin una razón concreta.

Sin embargo, las ondinas pequeñas sienten un cierto sufrimiento porque notan de primera mano cómo las masas de personas absorben en el mar sus fuerzas vitales. Y la gente lo hace sin dar las gracias. Eso da lugar a una relación unilateral e insatisfactoria. En ese sentido, sería bueno que las personas que se meten en el Mar del Norte o en el Báltico, en el Atlántico o en el Mediterráneo, dieran después al menos brevemente las gracias. Podrían decir: «Gracias, Mar del Norte», por ejemplo. «Fue estupendo aquí, y estaré encantado de volver». Esos gestos son muy importantes. Hay mucha gente buena entre vosotros, pero tenéis un problema absoluto para agradecer.

W.W.: Pero eso habría que agradecérselo continuamente a todas las entidades, también a las entidades de la tierra, pues cargan con uno continuamente.

Etschewit: Tenéis que agradecérselo a todas las entidades, empezando por vuestro espíritu doméstico, que se encarga de que el techo no se os caiga sobre la cabeza. Tenéis problemas para dar las gracias, y eso también se debe a que sois niños reyes y vais por la vida con cierta arrogancia. Lo dais todo por hecho y por sentado. También imagináis constantemente que sois la cúspide de la creación. Si realmente fuerais el culmen de la creación no estaríais destruyendo continuamente la creación.

Piedras

Preguntas de Wolfgang Weirauch a Kapuwu

A las entidades pétreas se las suele llamar gnomos. Los gnomos actúan en la tierra, en el interior y alrededor de las piedras, y en la zona de las raíces de las plantas. No hay que confundir a los gnomos con los enanos, pues los enanos viven en los metales de la tierra y los guardan.

Kapuwu es, por así decirlo, la Gran Piedra, la entidad superior de todas las entidades pétreas, y también se lo podría llamar la Muerte. Sin embargo, no está muerto, sino que es una entidad espiritual. Todas las piedras no están vivas, pero tienen mucho espíritu a causa de las entidades que las cuidan.

Kapuwu es una entidad completamente diferente a Etschewit. No habla ni de lejos tan rápido como Etschewit y suele ser implacablemente coherente en sus explicaciones. Termina cada entrevista con las palabras «con Cristo», porque Cristo ha atravesado la muerte y la ha vencido.

En esta conversación tratamos de forma muy práctica sobre diferentes entidades pétreas pequeñas, sobre cuáles son sus tareas y cómo se puede abordar la relación entre ellas y las personas.

Esta conversación tuvo lugar el 23 de enero de 2019

Wolfgang Weirauch: Buenas días.

Kapuwu: Buenas días.

W.W.: Acerquémonos un poco a las piedras y tomemos como ejemplo una isla de Dinamarca a la que voy a menudo. En la mayoría de las costas de la isla hay innumerables piedras que se han acumulado con el tiempo. En el límite entre el agua y la tierra hay mayoritariamente piedras del tamaño de un puño, unos tres metros más allá, tierra adentro, hay piedras más pequeñas, quizás del tamaño de una nuez, y en tercer lugar, dispersas por todas partes, algunas piedras muy grandes con un diámetro de quizás 50 cm hasta 1 m. ¿Hay entidades más pequeñas asociadas a cada una de esas piedras?

Kapuwu: Sí.

Piedras — guijarros — grava

W.W.: ¿Puedes describir lo que estas entidades hacen con y para esas piedras?

Kapuwu: Mientras una piedra es una piedra, esa piedra siempre ha tenido una entidad y la seguirá teniendo. Vosotros, los humanos, distinguís entre piedras, por un lado, y guijarros, por otro. Los guijarros tienen una esencia propia. Más allá está la grava, y en el caso de la grava hasta la más pequeña piedrecita tiene una entidad individual, pero son de un tamaño tan mínimo y están concebidas de forma tan simple que solo juntas pueden aparecer y ser percibidas como una entidad grupal, como una entidad con la que se pueda entrar en comunicación.

W.W.: ¿Sucede lo mismo con la arena y el limo?

Kapuwu: Sí, pero las entidades individuales de las piedras son ya al menos perceptibles y comunicativas en un pequeña piedra de grava, y todas esas piedras tienen siempre una entidad individual. Eso también es importante pues los individuos de esas piedras a menudo viajan muy lejos; sobre todo debido a los seres humanos. Por supuesto, no todas esas piedras viajan. Pero bastantes piedras viajan muy lejos por vuestro planeta.

Antiguo y joven a la vez

W.W.: Tomemos una piedra del tamaño de un puño. ¿Qué hace un espíritu pétreo con y para esa piedra?

Kapuwu: La tarea principal de un espíritu pétreo es mantener la piedra en el ser.

W.W.: ¿Qué significa eso?

Kapuwu: Significa que el cuerpo físico-material de esa piedra sea visible y experimentable como un ser límite, que permanezca sin cambios en la Tierra como cuerpo experimentable durante mucho tiempo. Mantener esa piedra en esa forma es la principal tarea de una entidad pétrea.

W.W.: ¿Cambia algo cuando la piedra empieza a desgastarse?

Kapuwu: Siempre hay formas de erosión o signos de erosión en la naturaleza. Una piedra puede hacerse más pequeña, una piedra puede ser hecha pedazos, por la gente o por acontecimientos naturales, como avalanchas o terremotos, y entonces ocurren muchas cosas. Entonces, la integridad de la entidad pétrea que era anteriormente queda completamente perturbada.

Pero si una piedra permanece en su forma exterior, hay básicamente dos aspectos para las entidades pétreas. Uno es que tenemos un efecto más bien inamovible y permanente sobre los seres más vivos. Pero eso no solo se aplica a los seres humanos, sino también a los animales, a las plantas y a los seres invisibles cuando se encuentran con una piedra. Cada piedra transmite constantemente: ¡soy antigua! Por lo menos, a los demás seres vivos les parece una señal de que esa piedra es antigua. Eso es una realidad, perceptible y que se perfila muy claramente para todos los demás seres que se encuentran con una piedra.

Pero cuando uno mira una piedra como un hecho espiritual, una entidad pétrea aparece como algo muy joven; lo mismo ocurre con la piedra física. Porque ser una piedra es algo joven. En relación con toda la evolución, ser una piedra o la materia es algo muy joven; la materia es lo último que ha aparecido. El ser piedra es lo más joven de toda la evolución. El fuego o el calor es lo más antiguo. Por otra parte, el fuego o el calor tienen en vosotros, los humanos, el efecto de algo joven, mientras que las piedras tienen el efecto de algo viejo. Sin embargo en realidad la llama es algo muy antiguo.

Esa divergencia es muy importante para el fuego y la piedra. Se hace tangible cuando uno mira un flujo de lava. La lava es algo en lo que la vejez de la piedra y la juventud de la llama desaparecen, y así se revela al hombre algo muy diferente. La lava, por supuesto, tiene una entidad propia.

W.W.: Cuando una piedra se hace pedazos, ¿surgen dos entidades pétreas de las dos nuevas mitades?

Kapuwu: Sí. Pero no se añade ninguna otra entidad, sino que la entidad pétrea se divide. Nosotras las entidades pétreas podemos dividirnos sin más. Y de esa forma una entidad se convierte en dos. Es como con una lombriz de tierra. Ambos seres continúan de forma independiente, solo que con la mitad de la masa. Lo mismo nos pasa a nosotras las piedras. De todas formas, ya no seguimos creciendo como lo hacen las lombrices.

Piedras en el aire y en el agua

W.W.: Cuando las piedras se encuentran cerca de una orilla y están sumergidas temporalmente por el agua, es decir, se encuentran a veces por encima y a veces por debajo del agua, ¿esto cambia algo en las piedras o en las entidades pétreas?

Kapuwu: Sí. A largo plazo, la forma de la piedra se modifica. Pero ocurre algo más. El agua siempre aporta algo, al agua lo sienten las piedras más diferentemente que al aire. No creas que las entidades pétreas no podemos sentir la diferencia entre el agua y el aire.

Pese a que no sea perceptible para vosotros los humanos, la forma de las piedras cambia relativamente rápido por la acción del agua, aunque la forma de la piedra también pueda cambiar a causa del aire. Al aire, el desgaste del viento es especialmente interesante para las personas, porque es más intenso y va más rápido. Pero incluso si una piedra está tirada en algún lugar y solo hay aire a su alrededor, el aire también cambia algo de la piedra, aunque muy lentamente. Siempre ocurre algo en la superficie de la piedra expuesta al aire.

W.W.: ¿Puedes diferenciar un poco esos límites? Tomemos tres piedras: una piedra que esté siempre en el agua, otra piedra que esté siempre al aire y una tercera piedra que esté siempre bajo tierra. ¿Qué tienen de diferente esas tres piedras?

Kapuwu: Hay diferencias, pero son mínimas y muy difíciles de representar. Ya te has ocupado a menudo de las diferentes formas de silfos, los seres del aire, por ejemplo, los silfos húmedos y los secos, los silfos de los olores y otros. Por ejemplo, si una piedra permanece al aire durante mucho tiempo, solo conoce a las ondinas cuando el aire trae agua, es decir, lluvia. Si esa piedra se encuentra en una zona muy seca del planeta donde apenas llueva, los encuentros con ondinas o silfos húmedos serán aún más limitados. solo percibe a las ondinas cuando los silfos húmedos traen la lluvia. Esa piedra, sin embargo, conoce a las entidades del viento.

Una piedra bajo el agua conoce a las diversas ondinas y a las entidades de las corrientes. Una piedra bajo el agua conoce a los silfos húmedos, es decir, a los silfos del agua, pues el aire también está disuelto en el agua. Las entidades acuáticas respiran aire. También conoce a las entidades de la sal si está en agua salada. Una piedra en el agua tiene probablemente diversos encuentros con las plantas y sobre todo con los animales. A veces se trata de aves y mamíferos, de peces variados, pero sobre todo de la enorme cantidad de pequeños seres vivos, es decir, del kril. Independientemente de donde se encuentre esa piedra suceden muchas cosas a su alrededor; pero especialmente si está en el fondo del mar, por ejemplo.

Piedras en la tierra

W.W.: ¿Y qué sucede con una piedra que yace en algún lugar de la tierra, en la oscuridad?

Kapuwu: Allí todo es diferente. Describir eso es lo más complicado. Porque esas piedras también están dentro de otro ser, ya que están dentro de la misma entidad térrea. También allí esas piedras tienen encuentros con ondinas y silfos, pero esas ondinas y silfos son otros que los que están por encima de la superficie de la tierra. Pues todos esos seres están dentro de la esencia físico-material de la entidad térrea, en la corporalidad de la tierra. Esa relación cambia muchas cosas.

Donde más cosas suceden es para y con las piedras que están en zonas de transición, por encima de la superficie de la tierra en zonas fronterizas entre la tierra y el mar. Experimentan el aire, el agua dulce de la lluvia, el agua salada del mar. Quizás tengan incluso contacto con las entidades fluviales en una desembocadura. Esas piedras tienen los encuentros más diversos con otras entidades. ¡Ser una piedra es muy emocionante!

La piedra de la foca

W.W.: En la isla danesa de Samsø hay una piedra muy grande cerca de la costa, a unos tres metros dentro del mar. Esa piedra es plana en la parte superior, tiene un diámetro de unos dos o tres metros de largo y ancho, está siempre por encima del mar, expuesta al aire, pero es constantemente azotada por el agua. La gente la llama piedra de la foca. ¿Qué entidad está asociada a dicha piedra?

Kapuwu: Las piedras a las que la gente da un nombre son piedras algo más conscientes. Una piedra de forma similar que se encuentre, por ejemplo, en algún lugar de las montañas del Harz, pero que no sea percibida por la gente, también tiene una entidad pétrea, pero esa entidad duerme un poco más profundamente que la de la piedra que describes. Debido a que la piedra de la foca que mencionas ha recibido ese nombre por parte de los seres yoicos, está un poco más despierta. Las entidades pétreas que han tenido o tienen una significación especial a causa de las personas o de los ángeles se vuelven más despiertas.

W.W.: Además, en la playa de Samsø hay un grupo de ocho piedras bastante grandes que están más o menos ensambladas entre sí. Cada año voy varias veces a esas piedras, me siento en una, me apoyo en otra... En las últimas décadas, o bien me he limitado a observar el mar y los pájaros desde allí, o bien he ideado algunas de mis obras, incluidas partes de mi novela *En el espejo de la oscuridad*[5]. ¿Puedes decir algo sobre esa piedra o esa agrupación de piedras?

Kapuwu: Lo interesante es que ese grupo de piedras no tiene nombre oficial. Pero tú les das un nombre y les llamas «mis piedras». Quizás otras personas hagan lo mismo. De forma que esa piedra tiene múltiples encuentros con una u otra entidad yoica, pero ningún bautismo en el sentido de un bautismo de nombre. Esa piedra también es más despierta, o más individual. Principalmente está marcada por personas individuales, por lo que está más despierta. La piedra de la foca que mencionas también está más despierta, pero no está marcada por personas individuales. No necesita animales, personas y ángeles individuales, pues ya tiene ese nombre oficial. Tu piedra no tiene un nombre oficial, pero tiene algunos amigos personales. Y cada vez que se acercan a esa piedra, ella se despierta un poco más.

W.W.: ¿Es correcto decir «buenos días» a esa piedra o grupo de piedras, o despedirse de ellas?

Kapuwu: Absolutamente. Eso es muy agradable para las entidades pétreas y también reaccionan a ello. Aunque esas reacciones de la piedra no sean muy perceptibles para vosotros, los humanos, en vuestra conciencia diurna. Pero están ahí.

Las piedras son muy buenos depósitos

Las piedras son depósitos extremadamente buenos y siempre lo serán en el futuro. Eso lo perciben más fácilmente los habitantes de los edificios de piedra. ¿Por qué muchos edificios de piedra tienen cierto carácter? Porque el carácter se almacena en la piedra o en el edificio de piedra. En el caso de los edificios de piedra, ese carácter surge a través de la conformación del edificio, pero sobre todo por el contacto con las entidades más diversas. Todos los encuentros esenciales con animales, personas y ángeles se almacenan permanentemente en la piedra. En las iglesias,

---

5 *Im Spiegel der Finsternis.* Obra no traducida al español. (N. del T.).

por ejemplo, cada oración se imprime un poco en la piedra, lo que uno puede sentir. Si una habitación o un edificio, a veces incluso una sola piedra, ha almacenado mucha espiritualidad, esa piedra desprende un carácter.

W.W.: ¿Qué se imprime en la piedra, algo etéreo o algo espiritual?

Kapuwu: Algo etéreo o casi etéreo, porque tiene un carácter de memoria. Imagínatelo de forma muy concreta: rezas en una iglesia, o te sientas en tu piedra y rezas o meditas, entonces tu cuerpo etéreo se presiona contra esa piedra, toca la piedra y envía —expresándolo físicamente—, una onda longitudinal. Esa onda toca y acaricia la piedra. A causa de ese toque, algo penetra en la piedra. Así que algo es presionado desde tu cuerpo etéreo sobre la condición claramente diferente de la piedra.

No obstante, las piedras no tienen cuerpo etéreo. Las entidades pétreas son entidades que se las arreglan sin cuerpo etéreo. Aunque siempre se puede actuar desde un cuerpo superior sobre un cuerpo inferior. Por ejemplo, como ser humano puedes con tu yo moldear el alma de otro ser humano, y de la misma manera tu cuerpo etéreo moldea la esencia de la piedra. Pero eso no se refiere solamente a las piedras, sino también, por ejemplo, a las sillas en las que te sientas. Si hay una resonancia positiva surge algo como una silla favorita para la persona. Cuando se remueven los preparados biodinámicos, por ejemplo, aparece una impronta mucho más clara del ser humano.

Las piedras quieren despertar

W.W.: ¿La piedra que he descrito me conoce?

Kapuwu: Por supuesto. Te conoce bien. Por supuesto, una piedra conoce a una persona mucho mejor si esa persona trata con la piedra a menudo o intensamente, que si pasa delante de la piedra solo fugazmente. Las piedras que son percibidas por una persona una única vez no conocen realmente a las personas.

W.W.: ¿Qué se puede hacer por una piedra semejante como ser humano?

Kapuwu: Es hermoso e importante pensar en esa piedra regularmente. Si de esos pensamientos surge un ritmo, también se añade un impulso de la voluntad; pero igualmente es muy positivo pensar en una piedra, aunque solo sea de vez en cuando. Antes del Misterio del Gólgota todas las entidades pétreas estaban realmente dormidas. Después del Misterio del

Gólgota, eso cambió. Desde ese momento, todo lo que estaba dormido tiene la tendencia a despertar. Son procesos muy largos, pero están ahí. Tu piedra también quiere estar un poco más despierta, y tú u otras personas podéis ayudarla. A las piedras les gustaría despertar después del Misterio del Gólgota. Eso es lo que Cristo logró con su obra en la Tierra. A través de su obra, a la Tierra le gustaría despertar, y a todas las piedras les gustaría despertar. El hombre está vinculado a esos impulsos para el despertar. No obstante, hay una entidad a la que le gustaría acabar con ese proceso de despertar, y esa entidad es Ahrimán.

W.W.: Imaginémonos una playa con innumerables piedras. Una persona camina sobre esas piedras. ¿Les hace algo a las piedras?

Kapuwu: Muy poca cosa. Ese es uno de los muchos encuentros más bien insignificantes y fugaces que tienen las piedras con otros seres. Apenas hay diferencia si un ser humano o un animal más grande camina sobre las piedras. Algo diferente sucede cuando las plantas crecen entre las piedras de la playa o cuando las algas del mar cubren las piedras. Esa entidad que permanece allí durante más tiempo será percibida más que cuando un león marino o un ser humano corretee por las piedras.

W.W.: ¿Qué ocurre cuando una persona coge una piedra muy especial, la mira, la percibe y luego la vuelve a dejar o se la lleva?

Kapuwu: Entonces sucede otra cosa. Porque ese es un acto yoico del ser humano. Esa persona, por ejemplo, se ha fijado en la belleza de una piedra. En un acto así, una cualidad del yo siempre se conecta con la piedra, y eso hace que la piedra a la que se mire esté más despierta. Sin embargo, esa piedra no estará tan despierta por ese acto único como la piedra a la que tú visitas con frecuencia. Ese volverse despierto es lo mismo que lo que así denominan muchas personas con inclinación esotérica o antroposófica: que la piedra se redime un poco. Eso siempre ocurre cuando una piedra se vuelve un poco menos piedra.

W.W.: ¿Qué sucede cuando una gaviota se sienta sobre una piedra durante mucho tiempo o un cormorán extiende allí sus alas para secarlas?

Kapuwu: No sucede mucho pero sí algo, pues incluso a través de las patas de los pájaros llega un poco de calor a la piedra; eso se hace mucho más evidente cuando un león marino se acuesta sobre una piedra durante mucho tiempo. De todas formas, las patas de los pájaros no son muy cálidas. Aunque es mucho más una cuestión del calor de la entidad que del calor externo, que siempre fluirá hacia la piedra cuando una ser permanezca en una piedra durante más tiempo.

Piedras como proyectiles

W.W.: ¿Qué siente una piedra cuando un ser humano coge una piedra del tamaño de un puño y la utiliza como proyectil, llegando incluso a matar a otro ser humano?

Kapuwu: El asesinato de un ser humano no es perceptible para la piedra. Pero si el ser humano está muerto, el estar muerto de esa entidad sí será perceptible para la piedra. Pues la entidad fallecida se acerca mucho más a la piedra por morir o estar muerto. El paso de la persona de la vida a la muerte no lo experimenta la piedra.

Pero cuando la piedra es recogida por el ser humano y lanzada al aire, eso supone una enorme excitación para la entidad pétrea, pues todo cambia en muy poco tiempo. Aunque si se trata de una piedra que haya sido movida de un lado a otro por el oleaje durante años, entonces ese vuelo por el aire no será, necesariamente, algo muy nuevo para la piedra. Si se trata de una piedra que haya permanecido tranquila y estable en un lugar durante mucho tiempo, será como una especie de shock, por decirlo en términos humanos. La piedra lo experimentará a su manera, por supuesto. Los seres pétreos experimentan los shocks de forma muy diferente a los humanos, pero pueden experimentarlos.

El lanzamiento de la piedra del Jueves Santo

W.W.: Cuando el Jueves Santo de 1968 dispararon a Rudi Dutschke en Berlín, hubo protestas en toda Alemania, especialmente contra el periódico *Bild*, pero también en Flensburgo contra el *Flensburger Tageblatt*. Mi tío era entonces el director de la sección de política del *Flensburger Tageblatt* y el coco de todos los izquierdistas del norte. En aquella época, el *Flensburger Tageblatt* no se podía equiparar del todo con el periódico *Bild*, aunque representaba igualmente una política conservadora. Yo estaba entre los manifestantes frente al *Flensburger Tageblatt* ese Jueves Santo. Súbitamente, un compañero de manifestación que conocía, que estaba a mi lado, sacó de su bolsillo una piedra del tamaño de un puño y la lanzó a través de la ventana. Como supe después, la piedra pasó volando a pocos milímetros de la cabeza de mi tío. ¿Qué siente una piedra durante esa acción?

Kapuwu: La entidad pétrea de esa piedra está completamente confundida. Es muy difícil de explicar, también puede resultar un poco impreciso, porque tengo que utilizar términos humanos.

Lo fundamental es que las entidades pétreas no tienen alma. Pero tienen un hábito. A causa del lanzamiento, ese hábito se ha roto totalmente. Por supuesto, algo se ha marcado en la piedra lanzada, como se acaba de mostrar. A saber, la ira del lanzador. Porque la ira del compañero manifestante que estaba a tu lado fluyó hasta su cuerpo etéreo y se marcó en la piedra. Su rabia desencadenó un acto físico. Esa ira también afectó a través del etéreo al físico de la piedra, y en ese caso incluso con mayor vehemencia. Pues la rabia era muy fuerte y en general había un ambiente caldeado.

Los jóvenes de entonces estaban muy agitados por el atentado a Rudi Dutschke. Y mucho más lo estaban sus cuerpos etéreos, puestos en movimiento por los sentimientos, lo que a su vez tuvo un efecto en la naturaleza física de la piedra. Con ese acto, la entidad de la piedra cambió sustancialmente. Además, la piedra cambió de lugar varias veces. Eso tiene para las entidades como las piedras un significado especialmente mayor que para vosotros los humanos, que estáis en constante movimiento.

W.W.: ¿Hay algo anímico que también se marca en la piedra, por ejemplo, la ira del manifestante?

Kapuwu: La ira del ser humano, que se expresa en su etéreo, se marca desde el etéreo sobre lo físico. Pero la piedra no tiene ninguna idea, ni la percepción, de que se trate de ira humana. No obstante nota que es algo diferente que si miraras a esa piedra con paz y serenidad.

W.W.: ¿Se da cuenta también de que atraviesa un cristal y vuela muy cerca de la cabeza de un ser humano?

Kapuwu: No se da cuenta de que vuela muy cerca de la cabeza de una persona, pero nota intensamente el contacto con el cristal. De todas formas, lo que sí notó fue la excitación anímica de tu tío, que a su vez también se imprimió en su cuerpo etéreo. Con esa excitación precisamente, que se vertió en su cuerpo etéreo, tomó la piedra y la miró, y su etéreo también se marcó en la piedra.

Una pequeña piedra puede cambiar el mundo

W.W.: Entonces, ¿esa piedra también quedó para el tiempo posterior como una piedra diferente de lo que era antes?

Kapuwu: Sí, muy claramente. También cambia un poco incluso en su estructura molecular. Uno no podrá medirlo externamente. Pero la estructura física se ve algo desplazada por esa impronta. A causa de eso la piedra se convirtió en algo diferente.

W.W.: ¿Puedes describir un poco más cómo se transformó la piedra?

Kapuwu: Puedo, pero no sé si llegará a entenderse. Aquí se trata del ser piedra, y eso es difícilmente comprensible para vosotros los humanos. Si la estructura molecular de una piedra se distorsiona ligeramente, se desplaza por un impacto etéreo, entonces es como un impacto en un cuerpo humano, por ejemplo, cuando se forma un hematoma. Si el golpe en un cuerpo humano es muy fuerte, también puede formarse una cicatriz. Puede volverse un poco más denso. Lo mismo ocurre con esa piedra, que se modifica del modo recién descrito. Se ha vuelto un poco más densa. Pero eso no significa que el ser pétreo duerma más profundamente como resultado, sino todo lo contrario. Choca más contra sí mismo y, por esa causa se vuelve un poco más despierto, debido a la mayor densidad.

W.W.: ¿Pero no sucede que esa piedra irradie a su alrededor algo del evento del lanzamiento, por ejemplo, y que otra persona sea posiblemente impulsada a usar esta piedra de nuevo como proyectil?

Kapuwu: Sí, eso puede ocurrir, pues eso corresponde a su nueva impronta. Lleva esa huella consigo a causa de la ira. Es como lo que hablamos de las iglesias antiguas donde, a causa de las innumerables oraciones, la religiosidad ha quedado marcada en el edificio, y luego por eso tienen el efecto correspondiente. Así que en este caso no es precisamente aconsejable colocar tal piedra como en un altar y mostrársela a la gente, pues incluso una piedra tan pequeña puede cambiar un poco el mundo.

W.W.: ¿Sería apropiado hacer algo más con esta piedra, por ejemplo, tirarla al mar?

Kapuwu: Eso depende de lo que la persona quiera hacer con la piedra. Si quieres que la piedra «olvide» lo que quedó marcado en ella, entonces debe recibir el mayor número posible de impresiones distintas. Lanzarla al mar, donde la piedra sea constantemente arrastrada por el oleaje la marcará de modo diferente. Si uno ocupa la piedra con otras experiencias, lo nuevo se añadirá a la experiencia intensa. Entonces la impronta de la ira ya no será tan importante ni principal. Pero la decisión de si algo es bueno para la piedra debes tomarla tú como ser humano. Yo, como entidad pétrea, no puedo hacerlo.

W.W.: ¿Quieres decir algo más para concluir?

Kapuwu: Recuerda siempre que las piedras absorben y recuerdan todo lo que ocurre a su alrededor. Eso sucede sobre todo cuando yacen completamente tranquilas, en apariencia, en algún lugar. Con Cristo.

W.W.: Gracias.

Arena

Preguntas de Wolfgang Weirauch a Knut, la arena

En esta conversación hablo con la arena. Ella se ha dado así misma el nombre de Knut, aunque el nombre no es lo importante. Las entidades suprasensibles con las que hemos hablado tienen en su mayoría nombres impronunciables. Para un mejor entendimiento, algunas de estas entidades han elegido nombres humanos.

La arena no es la muerte, pero la arena está hecha de pequeñas piedrecillas o granos, y a menudo ha surgido de piedras desmenuzadas. La arena está sujeta a un proceso, por lo que la arena —espiritualmente hablando— corresponde al proceso de morir.

En esta entrevista, Knut, la arena, habla de la muerte y del proceso de morir; de la arena en la playa, en los ríos, en el desierto y en el hormigón. También echamos un vistazo a las entidades de los parajes, con las que hablaremos en posteriores entrevistas.

Esta entrevista se realizó el 23 de enero de 2019

Wolfgang Weirauch: Hola Knut. Tú te ocupas de las arenas de la Tierra. ¿Es así realmente para toda la arena, desde los desiertos hasta la arena del mar y de sus orillas, pasando por la arena de todos los campos?

Knut, la arena: Buenas, Wolfgang. Casi. No me ocupo de la tierra fértil. Pero salvo eso, me ocupo de toda la arena del planeta, hasta de la gravilla. No me ocupo de los cantos rodados, pero sí del limo.

W.W.: ¿Cuándo es la arena realmente arena? Las categorías definidas científicamente son tales que la arena con un tamaño de grano de 0,063 hasta 2 milímetros se denomina propiamente arena, mientras que los granos más pequeños se denominan limo y los más grandes, grava. ¿Cómo lo defines tú?

Knut, la arena: Uno puede verlo como tú lo describes, y esa definición humana también me influye. Pero la arena siempre es arena cuando una entidad me experimenta como tal. En realidad, es muy sencillo. Y con ello me refiero a todas las entidades, desde los gusanos de arena hasta los ángeles. Realmente, no me oriento de acuerdo con los tamaños de los tamices.

Sin embargo, muy importante, no me ocupo de la arcilla. La arcilla se forma comúnmente a partir del limo, pero yo no estoy a cargo de la arcilla. La arcilla es una entidad diferente. El suelo franco también es una entidad diferente. Lo que llama la atención de la arena es que suele estar seca, aunque no siempre. La arena está suelta, fluye libremente. Por supuesto, la arena también puede estar mojada, en la playa o en el fondo del mar, pero si uno la seca al aire se vuelve suelta y fluida.

W.W.: En el cemento hay también arena. ¿Te ocupas igualmente del cemento?

Knut, la arena: El cemento se ha convertido hoy en una entidad propia. El cemento es la base del hormigón. En realidad, el cemento es hormigón blando. De todas formas, también estoy en el cemento y en el hormigón. Pero debido a la gran variedad actual de cementos y hormigones elaborados por las personas, ese material tiene su propia entidad.

Representar a los moribundos

W.W.: Cuando, partiendo de trozos más grandes, la arena se convierte gradualmente en arena por la erosión o la acción del agua, en algún momento se forma un primer grano de arena, luego un segundo, y así sucesivamente. ¿Cuándo se puede hablar realmente de arena, en términos de cantidad, y cuándo tomas tú bajo tu tutela esa parte de la arena?

Knut, la arena: Un único grano de arena todavía no es arena. Pero tres ya sí que lo son. Sin embargo, describes un proceso correcto, pues, por ejemplo, la piedra arenisca acaba convirtiéndose en arena.

W.W.: ¿Cuál es la tarea propia de la arena para la Tierra?

Knut, la arena: Representa el morir. Es una tarea muy importante.

W.W.: ¿Puedes explicarlo con un poco más de detalle? Es algo confuso.

Knut, la arena: La arena tiene que ver precisamente con el proceso de desintegración continua. En el momento en el que empiezas a morir, tu cuerpo físico comienza a desintegrarse. Lo físico es el plano inferior a lo vivo. La muerte reina en ese plano. No tiene sentido hablar de cualquier otra cosa que no sea la muerte en ese plano físico.

Si solo tenemos lo etéreo, ahí no hay muerte. Así que tiene que haber un plano por debajo en el que la muerte pueda aparecer. En ese plano físico, el ser piedra representa lo físico. Una piedra es la cosa física más típica. Si observas tu cuerpo físico, te darás cuenta inmediatamente de que hay mucho más que lo físico en ese cuerpo. En última instancia, está impregnado por los constituyentes suprasensibles del ser. Si piensas en las partes más duras de tu cuerpo físico, por ejemplo en los huesos y los dientes, son bastante similares a la piedra. Antes de que hubiera piedra, no existía la muerte.

Pero si se deshace una piedra, se convierte en arena. Cuando la arena se junta, la arena se convierte de nuevo en piedra. Por lo tanto, la arena es aquello que todavía no se ha vuelto a hacer sólido: algo como un cierto paso intermedio. Cuando un ser humano muere, ese ser humano no es ni completamente físico ni completamente no físico. Y ese proceso, esa transición, están representados por la arena.

La playa de arena: encuentro entre la muerte y la vida

W.W.: Si uno formulara algo herético, entonces se podría llamar a la piedra representante de la muerte, pero si la piedra se desintegra y de ella surge arena, eso sería una muerte desintegrada. ¿Seguiría siendo una definición correcta?

Knut, la arena: También existe el camino inverso, que la arena se reorganice como piedra arenisca. Pero aquí habría que preguntarse qué fue primero: ¿La arena o la piedra? Hay ambas cosas. Si tienes en cuenta las enormes cantidades de arena que hay en la Tierra, entenderás que con ellas está representado grandemente el proceso de morir. Por otro lado, también hay mucha agua como representante de la vida. En la zona de transición entre ambas está la playa de arena. Así que la playa de arena es una imagen del morir, un encuentro entre la muerte y la vida.

Cultura del hormigón

Pero si te fijas en el hormigón, ese es un material que quiere detener el morir. Vuestra cultura actual ha engendrado el hormigón y hace todo lo posible para detener por todas partes los procesos de morir. Esto llega dentro de la sociedad hasta las medidas de prolongación de la vida, y aquí se plantea la cuestión de cuánto tiempo se puede vivir realmente. Ese gesto se refleja en la cultura del hormigón. El hormigón bloquea el proceso de morir. En ese sentido, yo soy en parte responsable del hormigón, pero como proceso bloqueado de morir.

La vida siempre supone un cambio

W.W.: La arena se compone principalmente de cuarzo. ¿Qué elemento aporta a la arena?

Knut, la arena: La luz. El cuarzo se compone principalmente de silicio. El silicio o el cuarzo son los que mejor dejan pasar la luz en el mundo físico. Eso es algo muy hermoso.

W.W.: Los suelos arenosos de Europa central —también llamados geest—, no son muy fértiles porque solo pueden almacenar una pequeña cantidad de nutrientes. Se desecan rápidamente, pues el agua se filtra con rapidez. Sin embargo, allí crecen hierbas, carrizo, grama, brezo y posteriormente también abedules, hayas y robles. ¿Qué cambia para ti cuando la primera y la segunda cubierta vegetal crecen en la arena?

Knut, la arena: El suelo deja de ser arenoso porque se desarrolla gradualmente el mantillo. Cuanto más envejezca el geest, menor será su grado de arena.

W.W.: ¿Y cuál es la diferencia entre la arena en la que no crece nada y la arena en la que crecen la primera y la segunda cubierta vegetal?

Knut, la arena: Nada crece directamente en la playa. La vida solo está en ella presente en forma de agua, no en forma de plantas. No tenemos mucho que ver con las plantas, aunque haya plantas, por ejemplo los cactus, que pueden crecer en arena casi pura, pese a que también necesitan pequeñas cantidades de otros elementos para crecer. En la arena completamente pura no crece nada, y si lo hace, entonces hay zonas en las que yo ya me he transformado. La vida siempre supone un cambio. Con la cubierta vegetal la vida comienza a brotar en mí.

W.W.: ¿Qué diferencias hay entre la arena blanca de la playa y la de un lecho fluvial?

Knut, la arena: La diferencia entre la arena de la playa y la de un lecho fluvial no es muy significativa, porque en un lecho fluvial la arena también se mueve casi de la misma manera que en una playa de arena.

Sin embargo, la arena de un lecho fluvial generalmente solo se mueve en una dirección, río abajo, mientras que la arena de la playa se mueve de un lado a otro, por el flujo y reflujo de la marea. Así que la principal diferencia es la dirección del movimiento. Eso hace aún más difícil para las plantas asentarse en la arena de playa. En la arena de un lecho fluvial las plantas lo tienen algo más fácil, sobre todo cuando la arena reposa un poco. Las plantas también conllevan consecuencias, por ejemplo, que algo se descomponga en el lecho del río. Entonces la arena ya no sería tan arenosa. En cambio, el movimiento contrapuesto de las mareas en una playa imposibilita en gran medida el asentamiento de las plantas.

W.W.: ¿Qué cambia si, por ejemplo, en las marismas se gana terreno al agua y luego esa arena nunca vuelve a ser sumergida por el agua como ocurría antes? ¿Esa arena que ya no es sumergida por el mar adquiere entonces una cualidad diferente?

Knut, la arena: Empieza a convertirse en tierra; se forma mantillo, pues se añaden plantas. Siempre que la arena deje de moverse, deja de ser arena pura. También puede aglutinarse, de forma que se convierta en arenisca. En el ejemplo de la desecación que mencionas, la arena se va pareciendo cada vez más a la tierra.

Reencarnación

W.W.: Supongo que tienes una relación especial con los desiertos de arena. ¿Cuál es tu relación con ellos, completamente secos por el calor la mayor parte del año, pero que, en ocasiones, cuando empieza a llover, pueden convertirse en poco tiempo en jardines floridos?

Knut, la arena: Si florecen prácticamente de la noche a la mañana después de una eventual lluvia, es algo maravilloso. Se puede decir que incluso en el morir hay más de lo que parece. En la playa de arena junto al mar, el movimiento de las mareas y la fuerte salinidad impiden el crecimiento de las plantas, pero el desierto puede reverdecer con la lluvia. Eso demuestra que puede haber reencarnación. La resurrección queda demostrada.

Huellas en la arena

W.W.: Por favor, describe la entidad del desierto desde tu punto de vista.

Knut, la arena: Un desierto de arena caliente tiene como entidad algo que podría describirse como despiadado.

W.W.: ¿Cuál es tu relación con los animales que viven en la arena del desierto?

Knut, la arena: No hay muchos animales, pero todos son grandes especialistas en su ámbito. Los verdaderos habitantes del desierto pertenecen en su mayoría a los reptiles y son, por tanto, una forma de animal relativamente inaccesible para vosotros, los humanos. Normalmente tenéis problemas con los reptiles. Por supuesto, también hay algunos pequeños mamíferos en el desierto, pero muchos más en los límites del desierto. Tengo relaciones con todos los animales, concretamente encuentros de tipo astral. Y aquí también ocurre lo que ya ha mencionado Kapuwu: lo anímico de los animales influye en su ámbito etéreo, y lo etéreo deja huellas en la arena. Incluso hay huellas externas observables a causa de los movimientos de los animales.

La arena se echa a volar

W.W.: ¿Qué ocurre con la arena del desierto durante una tormenta de arena?

Knut, la arena: La arena se encuentra entonces con una entidad tormentosa muy grande y se echa a volar. Ahí se puede ver que la arena del desierto en realidad tiene menor contacto con lo etéreo y mayor contacto con lo astral; tanto por los animales, aunque no sean especialmente numerosos, como a través del viento. Y por el viento surgen dunas de arena. La arena no puede ser detenida cuando el viento o la tormenta entran en contacto conmigo. En las dunas se puede percibir que el movimiento forma parte del principio esencial de la arena. Una duna de arena tiene una entidad, y también es muy móvil: se amontona, se aplana de nuevo...

W.W.: ¿Qué relación tienen las entidades de las dunas contigo?

Knut, la arena: Son formas de mi ser.

Cada vez más egoísmo. Cada vez más arena

W.W.: Desde tu punto de vista, ¿cómo juzgas el hecho de que los desiertos del planeta aumenten cada vez más porque cada vez se talan más árboles, por ejemplo en la selva brasileña?

Knut, la arena: Ese es un indicio muy significativo de que todavía no habéis aprendido a proceder sensatamente con las fuerzas de la vida y, por consiguiente, tampoco con las fuerzas de la muerte, que tienen que ver conmigo. Casi siempre actuáis en una sola dirección, y es hacia la explotación o la destrucción de este planeta, aunque en los últimos tiempos se dé un creciente cambio de miras. Aquí también me las tengo que ver de nuevo con el astral, es decir, con el egoísmo humano, que precisamente está predispuesto en el astral. Eso conduce a más y más muerte, a más y más arena en la Tierra. Eso conlleva que cada vez haya más morir, más arena sobre la Tierra. La creciente desertificación, es decir la expansión de los desiertos, es una clara indicación de vuestro egoísmo.

Las heridas y lo paradisíaco en la Tierra

W.W.: Desde tu punto de vista, ¿cómo es cuando las personas empiezan a reverdecer los desiertos, a reforestarlos?

Knut, la arena: Eso es muy emocionante para mí. Pues se puede considerar como un signo de que estáis entrando en comunicación con las fuerzas suprasensibles que están detrás de las plantas, o al menos que estáis adquiriendo una primera conciencia de ellas. En la reforestación se extiende una voluntad constructiva hasta el interior de lo etéreo. ¡Y de ahí realmente sí que surge algo nuevo! Para mí es muy emocionante observarlo.

W.W.: ¿Qué sucede en los parajes de donde se extrae el lignito y aparecen los correspondientes paisajes de cráteres?

Knut, la arena: La arena está casi en todas partes, también en esos paisajes de cráteres. Esas zonas mineras, esos paisajes de cráteres son heridas en la Tierra, y yo siempre estoy allí. Pero las zonas mineras de lignito son también una muestra de la fuerza con la que un paraje puede desarrollar fuerzas autocurativas, si a estas zonas se les deja descansar. Eso se puede ver, por ejemplo, en Lusacia, en el este de Alemania. En ese lugar hubo una extracción de lignito muy antigua. Allí, tras la extracción del lignito, han surgido a lo largo de los años zonas naturales que tienen una forma natural y muy especial; también con los animales más variados, que se han desarrollado de forma totalmente independiente del ser humano. A causa de eso ha regresado a esas zonas algo paradisíaco. Eso demuestra que la Tierra, como ser, sigue teniendo fuerzas curativas muy fuertes. Con el tiempo, convierte esas heridas en pequeños paraísos.

Pero también está la intervención de las personas que, por ejemplo, crean paisajes lacustres a partir las antiguas zonas de lignito. Eso es algo que vosotros los humanos deberíais hacer, porque al hacerlo estáis emprendiendo una nueva creación, una tarea nueva. Eso es lo que los seres suprasensibles estamos esperando en todo el mundo.

Acantilado

W.W.: Tengo en mi mente ahora un acantilado de la isla danesa de Samsø, que está formado por arcilla y arena. ¿Tiene un acantilado así también una entidad especial?

Knut, la arena: Ese acantilado, como formación del terreno, tiene una entidad que lo cuida. Un tramo tal de un acantilado, que comienza en un sitio y termina en otro, es cuidado por una entidad del paisaje. Por supuesto, yo no temo el contacto con esa entidad, ni siquiera cuando la arcilla, el suelo franco, u otros materiales de la tierra se encuentran también en la arena, lo que en realidad ocurre más o menos en casi todas partes.

W.W.: Ahora bien, si el mar va desgastando cada vez más ese acantilado y este poco a poco se va desprendiendo o aplanando, ¿qué ocurre con la entidad que cuida del acantilado?

Knut, la arena: Cuida del acantilado mientras siga siendo un acantilado. Cuando se destruya por completo esa entidad se retirará al etéreo general. Eso os parecerá a vosotros, los humanos, algo problemático o desagradable, pero esas entidades no lo sienten como algo malo. Vosotros, los humanos, procedéis con la muerte y la vida de manera muy diferente, porque estáis encarnados en un cuerpo físico. Las entidades etéreas, sin embargo, no están encarnadas en un cuerpo físico en ese sentido, sino que solo cuidan de los ámbitos físicos. Por lo tanto, no mueren de la misma manera que los seres humanos. Las entidades locales desaparecen una y otra vez en muchos lugares de la Tierra. La Tierra lo conoce, lo sabe, no lo siente como algo dramático.

El hombre de arena y el hombre de rocío

W.W.: ¿Quién es en realidad el hombre o el enano de la arena?

Knut, la arena: Se trata de una figura mítica que pone arena en los ojos de los niños para que se duerman por la noche, y luego se la quita al amanecer. Hay muchas historias y mitologías en las que el hombre de arena puede ser también una figura aterradora. Por otro lado, puede ser también un portador de sueños. De vez en cuando el hombre de arena también aparece con el hombre de rocío. Se trata de figuras etéreas que la gente todavía puede percibir en el proceso de quedarse dormida.

El rocío pertenece a la zona crepuscular. El hombre de arena también pertenece a la zona crepuscular. El hombre de arena simboliza el proceso de que el dormirse no lleve al morir, no lleve a la muerte. Existe la vieja comprensión de la muerte como un largo sueño, y del sueño como una muerte corta. Cuando una persona se duerme, las áreas anímico-espirituales del ser humano se retiran en gran medida de su cabeza, y de su sistema nervioso-sensorial, y en ese sentido el sueño es un proceso similar a la muerte, aunque no sea ni definitivo ni tan profundo.

W.W.: ¿Y qué clase de entidades son el hombre de rocío y el hombre de arena?

Knut, la arena: Cuando el ser humano se duerme, entidades espirituales superiores se apoderan de forma protectora de los constituyentes inferiores del ser humano, y el hombre de rocío y el hombre de arena simbolizan esas fuerzas en una forma reconocible para el ser humano. Cuando el ser humano duerme, ya no tiene su conciencia del yo en la estructura terrenal de su ser. De esa forma surgen y actúan fuerzas curativas en lo etéreo y en lo físico. El hombre de arena es la entidad que se encarga de que el ser humano no muera, sino de que solo duerma. De hecho, en ese momento mantiene apartada a la muerte. Evita que el quedarse dormido lleve a la muerte. Por eso debe estar presente en ese momento una entidad que domine sobre la arena.

W.W.: ¿Eres tú entonces ese hombre de arena?

Knut, la arena: No, pero el hombre o el enano de arena es una figura especial de mi ámbito. En cuanto a su naturaleza, el hombre de arena es una entidad de ayuda y, por tanto, una entidad espiritual. La gente de antes percibía a las figuras del hombre de arena y del hombre de rocío y las utilizaba en los cuentos, entre otras cosas porque al despertarse encontraban no solo cosas parecidas a la arena en los ojos, sino a menudo también algo húmedo, como el rocío. Experimentaban al hombre de arena y al hombre de rocío como símbolos de esos procesos. En realidad lo que se expresa en esas figuras son secretos profundos. El hombre de arena y el hombre de rocío también aparecen en la ópera *Hansel y Gretel*. Humperdinck incluyó a esas dos figuras en su ópera porque él todavía tenía conexión con ellas.

La arena, cada vez más escasa

W.W.: Desde tu punto de vista, ¿hay algo más que deba mencionarse en relación con la arena?

Knut, la arena: Un fenómeno interesante de la actualidad es que hay una considerable escasez de arena para los proyectos de la gente. Construís con hormigón tanto que la arena empieza a escasear. La arena empieza a faltar en todo el mundo. Casi ninguna otra materia prima se utiliza tanto como la arena, porque se emplea en un enorme número de productos modernos. Aunque se podría pensar que hay suficiente arena en los desiertos, esa arena no es adecuada para el hormigón, por ejemplo, porque los granos son demasiado lisos y redondos. El viento los ha pulido. Para el hormigón en cambio, se necesitan granos angulares que puedan entrelazarse entre sí. La arena de playa, por su parte, es mucho más adecuada para el hormigón.

W.W.: Muchas gracias.

Knut, la arena: De nada.

Aire

Preguntas de Wolfgang Weirauch a Walliniju

En esta pequeña entrevista introductoria, después de las ondinas y los gnomos, les voy a presentar al tercer grupo de las cuatro entidades elementales: los silfos. Hablaré con Walliniju, una gran entidad aérea. Los silfos están en todas partes donde haya aire y luz, esto es, no solo en el aire, sino también en el agua y en el suelo. Los silfos inciden sobre las flores de las plantas, se conectan con los olores, conducen los flujos del habla de las personas y el resto de sonidos. Los silfos normalmente son seres ágiles y muy rápidos.

Esta conversación tuvo lugar el 9 de mayo de 2019

Wolfgang Weirauch: Hola Walliniju. Tengo varias preguntas para el aire, y por cierto sobre las más variadas relaciones y ámbitos. Empecemos por el aire de una vivienda que no se ha ventilado durante un día. ¿Qué entidades aéreas o silfos se encuentran en sus habitaciones?

En realidad, el aire es siempre movimiento

Walliniju: Hola Wolfgang. Siempre hay silfos tristes en una habitación con el aire viciado. El aire que no puede moverse debido a las condiciones externas afecta a las entidades que contiene, haciéndoles entristecer. Los seres humanos experimentáis ese aire como viciado. En realidad, el aire es siempre movimiento.

W.W.: Imaginemos una vivienda ordinaria de tres habitaciones, de tamaño medio, quizás de 80 metros cuadrados. En términos cuantitativos, ¿se puede decir de alguna manera cuántas entidades aéreas o silfos hay en esa vivienda?

Walliniju: En cualquier caso, muchos; siempre somos muchos. Los silfos son entidades pequeñas. Cuando crecen, y eso es completamente correcto, también las llamáis con otros términos como brisa, corriente, viento, tormenta, huracán... Esas son entonces grandes entidades aéreas.

W.W.: ¿Pueden también esas entidades aéreas salir de las habitaciones de la vivienda, sin movimiento?

Walliniju: Difícil. Es posible, pero muy tedioso. Podemos atravesar cualquier parte donde haya aire. Aunque también se puede ver de otra forma: si hay aire en las habitaciones, entonces también están allí las entidades aéreas. Realmente el aire está en todas partes, no solo en las zonas que llamáis aire, sino igualmente en el agua, el suelo, las plantas, los animales, etc...

W.W.: ¿Qué pasa cuando se ventila esa vivienda y se abren las ventanas un rato?

Walliniju: Entonces las entidades del aire que han estado encerradas durante días desaparecen, entrando otras entidades, que esperan no ser encerradas. Por eso en ese momento el estado de ánimo de ellas será más alegre. Pero, como he dicho, tenemos que llenar todos los espacios donde haya aire. No podemos hacer otra cosa que llenar espacios.

A los silfos les gusta cargarse

W.W.: Ahora bien, si un ser humano vive en allí y cocina, los olores más variados impregnarán la vivienda, ¿qué sucederá entonces?

Walliniju: Los silfos absorben ciertas sustancias. Los silfos pueden absorber muchas cosas: colores, sonidos, olores y todas las demás partículas del aire, incluidos los virus. Los silfos están muy dotados para eso, al igual que las ondinas están dotadas para absorber el agua. En una vivienda donde se cocine, esos silfos se impregnarán de determinados olores y se convertirán en silfos olorosos. Si en una vivienda se toca música, se convertirán en silfos sonoros. Los silfos son buenos portadores de sonido. Los silfos son muy curiosos, les gusta juntarse a otros ámbitos, se cargan de cosas muy gustosamente.

W.W.: ¿Y los olores del cuarto de baño?

Walliniju: Eso es para vosotros desagradable, pero no para nosotros. Hay silfos que huelen a porquería. Pero no sufren por ese olor tan particular que para vosotros los humanos es desagradable. Esa es su tarea. Sin embargo, los silfos que cargan con el olor de los excrementos no están precisamente contentos con la actitud negativa de los otros seres hacia esos olores. Pues en principio no es diferente llevar el olor de las heces que llevar el olor de las rosas.

Seres de las ventosidades

W.W.: ¿Un silfo también está relacionado con una ventosidad?

Walliniju: Por supuesto. Se trata entonces de una entidad pedorra de corta duración. En el momento de la salida del pedo ese ser se formará reuniendo, poco antes, cierto número de gases a su alrededor, pasándolos por los intestinos, para luego escapar del cuerpo. Por lo general, eso es estimulado por el espíritu elemental del cuerpo de la respectiva entidad humana o animal. Cuando los gases han escapado, la entidad ventosa se desprende a su vez de esa concentración de gases.

Los silfos que duermen más profundamente

W.W.: ¿Qué ocurre con el aire y los silfos en las bodegas donde durante varios años no ha habido ventilación?

Walliniju: Es diferente. Si se trata de un edificio antiguo en el que de ninguna forma es posible la ventilación, si el aire allí se congestiona, los silfos entristecerán. Pero si la bodega es subterránea y ciertamente es posible una mínima ventilación, siendo allí el aire fresco, entonces esos silfos dormirán de algún modo.

W.W.: ¿Y qué pasa con el aire y los silfos en las tumbas o pirámides que llevan miles de años cerradas?

Walliniju: Esos silfos duermen aún más profundamente. Si en algún momento un ser humano se acerca a ese aire encerrado y los silfos se despiertan, se tratará de un encuentro como con un mundo completamente desconocido. Eso también afectará a las personas que se sumerjan en esos espacios. Para la gente también será como un mundo completamente diferente. En todo caso, esos silfos se despertarán.

W.W.: ¿Es un proceso doloroso para los silfos?

Walliniju: ¿Te duele a ti cuando te despiertas del sueño?

W.W.: No.

Walliniju: Es similar para los silfos. Tal vez después de tanto tiempo estén un poco aturdidos, porque se enfrentarán a una nueva tarea. Pero es similar a lo que experimenta tu alma cuando se despierta del sueño. Los silfos están relativamente próximos al alma humana. Puedes imaginarte a los silfos como niños normales de temperamento sanguíneo: siempre están en movimiento. Y cuando ya no pueden moverse en absoluto, poco a poco se quedan dormidos. Entonces, cuando duermen, alcanzan un descanso mucho más profundo que otros seres, como los niños que duermen profundamente.

Silfos húmedos

W.W.: ¿En qué se diferencian los silfos acuáticos?

Walliniju: Están los silfos húmedos, que son los que llevan el vapor de agua. Luego hay otros silfos húmedos —tantos que son incontables— que están asociados al aire del agua. Constituyen la base de la respiración de los animales acuáticos. Son silfos que se mueven en el agua entre las ondinas. Esos silfos acuáticos no son infelices, suelen tener una buena relación con las ondinas. Considerándolo en una imagen, se podría ver esto como la impregnación del cuerpo astral del ser humano por su cuerpo etéreo. Los silfos que llevan el vapor de agua son como lo vivo que atraviesa a lo anímico del hombre; los silfos que están en el agua son como el cuerpo anímico del hombre que impregna al cuerpo etéreo.

W.W.: ¿Los silfos también se intercambian entre ellos? ¿Los que están en el agua están a veces también en el aire, el vapor de agua u otro lugar?

Walliniju: Sí. Prestamos mucha atención a eso. Los silfos aéreos están en el aire durante un tiempo determinado, y en el agua durante otro.

W.W.: ¿Qué clase de silfos son los que están en el cuerpo humano?

Walliniju: Ciertamente hay algunos silfos que son arrastrados más profundamente en vuestro cuerpo, sobre todo a través de los fluidos, y entonces pueden provocar flatulencias. Aunque la mayoría de los silfos entran y salen constantemente. El espíritu elemental del cuerpo cuida de que la cantidad de silfos en el cuerpo no sea demasiado alta. En los pulmones hay muchos silfos, que son muy importantes para la respiración. Cuando una persona entra en una habitación congestionada se encuentra allí con silfos tristes, que tampoco son beneficiosos para la respiración humana. Entonces uno siente como si fuese más difícil respirar.

Cuando los silfos se vuelven más rápidos

W.W.: Si uno está en algún lugar de la naturaleza un día sin viento, ¿es posible decir cuántos silfos hay aproximadamente alrededor?
Walliniju: No se puede decir un número, por supuesto, pero hay muchos.
W.W.: Y cuando uno inhala y exhala, ¿entran y salen muchos silfos?
Walliniju: Sí, muchos. Pero son menos que el número de silfos que pululan a tu alrededor en la naturaleza, al aire libre.
W.W.: Si estás en el exterior en la naturaleza y se levanta viento, ¿de qué manera cambia la proporción de silfos?
Walliniju: La cantidad no cambia mucho. Sí que cambia el movimiento de los silfos entre ellos. La cantidad en el aire es siempre bastante similar. Si una tormenta o un huracán se te echara encima, el número de silfos sería similar, solo que se moverían mucho más rápido.

Los silfos transportan oxígeno y dióxido de carbono

Como todas las entidades elementales, los silfos tienen la mayor variedad de funciones. La función primordial de los silfos es la de cargarse con algo. Pero no debe confundirse silfos y oxígeno. Si uno asciende a una montaña muy alta, allá arriba también habrá silfos, aunque haya poco oxígeno. Eso se debe a que un silfo no es idéntico al oxígeno, sino que lleva el oxígeno. En la respiración humana, un silfo transporta el oxígeno al cuerpo y luego saca el dióxido de carbono. Así que intercambia su carga. Si uno sube a una montaña alta allí también habrá silfos, pero llevarán menos oxígeno. En cambio, llevarán otras cosas. Si se pudiera subir cada vez más alto, hasta el espacio exterior, los silfos disminuirían cada vez más porque en algún momento no habría más aire. Donde el espacio no tiene aire, no hay silfos.

Aunque no es del todo correcto, porque allí donde no hay aire sino luz, también hay silfos. Aunque serán silfos muy diferentes. De todas formas, el espacio exterior es oscuro. Sin embargo, allí donde haya cuerpos, estos estarán iluminados por el sol u otras estrellas. En el momento en que una sustancia entra en el universo, se ilumina, y entonces en ella hay silfos luminosos.

Los silfos del suelo tienen un nivel de actividad diferente

W.W.: Observemos un poco más a los silfos del suelo. Tomemos los silfos que viven a unos metros de profundidad en el suelo o que se dedican a sus tareas allí. ¿Se intercambian esos silfos con los del aire con la misma rapidez que lo hacen los del agua, o los silfos del suelo tienen una tarea de mayor duración?

Walliniju: Permanecen más tiempo en el suelo. Nuevamente, son bastante diferentes de los silfos acuáticos y de los aéreos. Tienen un nivel de actividad diferente. Si tú, como ser humano, inhalaras exclusivamente el aire con los silfos del suelo, te desmayarías al poco tiempo. Esos silfos fatigarían al ser humano. Los silfos del suelo son responsables del intercambio de gases en el suelo. Sin embargo, no permanecen en el suelo para siempre: también se intercambian, de modo que durante su vida cada silfo vive a veces en el suelo, otras veces en el agua, en el aire, o también en cualquiera de los demás espacios.

W.W.: Cuanto más se adentra uno en la Tierra, menos aire hay. En algún momento el aire desaparece por completo. Lo que significa que en alguna parte hay un silfo situado en lo más hondo. ¿Son silfos muy especiales los que se deslizan tan profundamente en la Tierra?

Walliniju: Esa es una tarea especial para los silfos porque ese silfo necesita otro tiempo para entrar en las profundidades de la Tierra. Ese es un tiempo diferente al que conocéis. De todas formas, es muy difícil de expresar con palabras. Ya he dicho que los silfos del suelo están en un estado de actividad diferente. El silfo de las profundidades está en ese estado de actividad durante más tiempo para llegar a las capas más profundas de la Tierra. Esa es ya una entidad bastante especial, o mejor dicho, todas las demás entidades que también se encuentran en las capas profundas son tales entidades especiales.

Esos silfos profundos son entidades muy extrañas, y si tal silfo apareciera aquí, en nuestro espacio, entre los silfos que viven aquí, tal silfo profundo sería muy extraño para todos los silfos que viven aquí. Suelen permanecer más tiempo en las profundidades de la Tierra, a no ser que se encuentren en algún apuro y yo tenga que llamarlos. Entonces no solo se intercambian con otros silfos, sino que trascienden el espacio material y se adentran en el etéreo.

Vacío

W.W.: Si se bombea el aire de una botella para que surja el vacío, ¿deja de haber silfos en la botella?

Walliniju: Aunque muy pocos, seguirá habiéndolos, sobre todo si todavía queda luz en la botella.

W.W.: Pero si uno toma una botella negra, bombeara el aire por completo y pusiera esa botella en una bodega sin luz. ¿Qué ocurriría entonces?

Walliniju: Muy buena pregunta. Entonces no habría más silfos lumínicos en esa botella. Tampoco los otros silfos aéreos estarían en la botella, a no ser que no hayas creado un vacío absoluto. Todavía podría haber en ese vacío silfos que acompañen al material, pero en cualquier caso muy, muy pocos.

W.W.: En nuestras conversaciones hemos mostrado repetidamente que los espacios siempre se llenan. Ahora hay un espacio en esa botella, un vacío, pero no hay silfos presentes. ¿Qué entidades habrá en ese vacío? ¿Hay una entidad del vacío?

Walliniju: Hay una entidad del vacío. También está la entidad de la oscuridad. Hay silfos oscuros y claros.

Silfos del habla y del sonido

W.W.: Cuando habla una persona, ¿acompañan silfos especiales el flujo del habla?

Walliniju: Sí, son silfos de soporte, silfos especiales. Eso puede mostrarse incluso externamente, es decir, cuando un ser humano habla en el humo. Entonces se ven allí diferentes formas emergentes. Esos silfos especiales tienen la capacidad de llevar palabras. Las palabras son algo diferente a los sonidos.

W.W.: ¿Y qué sucede cuando cantas?

Walliniju: Entonces son silfos que llevan tonos. Hay muchos y muy diferentes silfos tonales, todos los que llevan las diferentes variedades de sonidos.

W.W.: ¿Hay alguna diferencia para los silfos de las palabras si el ser humano presenta una relación objetiva, si cuenta un chiste, o si pronuncia una maldición?

Walliniju: Hay ciertas diferencias. Los silfos del habla también tienen silfos del sonido con ellos, así que aquí pueden variar muchas cosas. También es diferente si se trata de una voz natural o artificial. Alexa y Siri tienen silfos completamente diferentes a los de los humanos, que también transmiten un poco de su alma con el habla. Si la entidad que emite una lengua artificial no tiene alma, esa entidad tampoco podrá transmitir nada anímico a los silfos. Cuando la voz de un ordenador habla, ni siquiera hay silfos del habla con él, sino solo silfos del sonido; tal vez sean solamente silfos del ruido.

W.W.: ¿Los silfos están siempre presentes cuando surge un ruido? ¿Están ahí porque se produce el ruido o porque se mueve el aire?

Walliniju: Por ambas cosas. La actividad de los silfos es inmensa y muy complicada. Podríamos seguir abordando innumerables temas sobre la variedad de los silfos, por ejemplo, también sobre los silfos del color, sobre lo que ocurre cuando los humanos ven o miran, y sobre muchas otras cosas.

W.W.: Gracias.

Walliniju: De nada.

Fuego

Preguntas de Wolfgang Weirauch a Echnaton

En esta conversación, las salamandras —las entidades ígneas y calóricas— tienen la palabra. Habla Echnaton, un gran ser ígneo de una determinada región.

Las salamandras están en todas partes donde haya calor interno y externo: en el ámbito calórico humano con impronta yoica, en el calor corporal de personas y animales, en semillas y frutos de plantas, en llamas de velas y en todos los fuegos mayores, en el calor geotérmico, en los fuegos químicos y, hasta cierto punto, en la electricidad. Al igual que los silfos, las salamandras también son entidades muy móviles, y activas en las áreas más diversas.

Es fundamental que nosotros, los humanos, seamos conscientes de la importancia de la cooperación entre humanos y entidades naturales, y de que precisamente influimos en las entidades suprasensibles con nuestro pensamiento, sentimiento y actuación, con nuestros impulsos buenos y malos. Cada vez que un ser humano obra como creador —al construir una casa, escribir un libro, modelar un recipiente—, una pequeña entidad se cuela tras la finalización en ese acto material de creación humana. Depende del ser humano de qué forma moldeará con su yo a esa pequeña entidad. Similarmente podemos imaginarnos el acto de creación de la Tierra, y de todos los seres por parte de las entidades divino-espirituales superiores.

Esta conversación tuvo lugar el 18 de febrero de 2020

Wolfgang Weirauch: Hola Echnaton. Fundamentalmente me gustaría hablar del fuego y del calor en el sentido más amplio. ¿Podemos intentarlo?

Echnaton: Hola Wolfgang. Por supuesto.

W.W.: ¿Puedes decir algunas palabras sobre ti?

Echnaton: Soy una gran entidad elemental, relacionada con el fuego o el calor. Pero no es fácil decir a qué calidad de fuego correspondo. Correspondo a un elemento básico que está tras la calidez. Si se me mira desde el punto de vista asiático, por ejemplo, en mí hay dos cualidades ígneas: por un lado, el calor orgánico del interior humano, y por otro, el calor energético de, por ejemplo, los fuegos externos. Pero más allá, hay una tercera cualidad que también me corresponde.

El calor básico que todo lo envuelve

W.W.: ¿«Tras» significa detrás o sobre?

Echnaton: Es una buena pregunta a la que quería llegar. Se podría denominar fuego o calor primordial a la cualidad que está detrás. Si está por encima, por debajo o por detrás, los humanos debéis decidirlo por vosotros mismos. Esa decisión debe ser tomada siempre por una entidad yoica, porque el fuego pertenece en cualquier caso a las entidades yoicas. El fuego tiene una cualidad yoica. Todo ser humano puede denominar a su yo precisamente como su núcleo ardiente. Tú mismo tienes que decidir en qué dirección quieres mirar al fuego: o hacia arriba o hacia abajo. Esa es una decisión que toda entidad yoica —no solo los seres humanos— tiene que tomar.

W.W.: Pero eso dependerá probablemente del tipo de calor o fuego del que estemos hablando...

Echnaton: En realidad, no. Por supuesto, hay un calor básico que lo envuelve todo, y que yace en la base primordial de todo ser. Ese calor está en todas partes, luego también sobre, detrás o debajo, y en todo. Sin embargo, aquí depende del ser humano hasta qué punto considere ese calor primordial. Lo cual también dependerá de la creencia respectiva de la persona, pues si una persona con mentalidad cristiana considera la base primordial de todo ser, o cree en ella, entonces estamos con el Dios Padre. El Dios Padre es percibido por el occidental o el cristiano como si estuviera por encima de él. Eso corresponde a lo que es normal entre las personas de mentalidad cristiana. Pero el Dios Padre no exige que se le considere por encima de los seres humanos.

W.W.: Pero el ser humano tampoco está sobre o junto a Él...

Echnaton: No, pero está *en* Él. En ese sentido, Él está por encima, por debajo, por detrás y por delante de uno, es decir, en todas partes. Así que básicamente uno está en Él. Cuando uno está en un ser, no se puede decir que ese ser esté por encima de uno.

Salamandras marcadas por el yo

W.W.: Me gustaría hablar contigo sobre diferentes ámbitos del calor y del fuego; también me interesaría saber qué entidades están conectadas, y de qué forma, con el respectivo calor o los diferentes fuegos.

Echnaton: Con mucho gusto. Para simplificar un poco las cosas, se me podría denominar la Gran Salamandra.

W.W.: ¿Qué seres actúan en el calor corporal de animales y humanos?

Echnaton: Básicamente hay dos grupos de salamandras en las personas. Un grupo está relacionado con el yo. El otro grupo de entidades calienta el cuerpo físico. Como ser humano, uno lo nota, por ejemplo, cuando tiene los pies fríos y el calor llega de nuevo a los pies, pues entonces se lleva el calor a una parte fría del cuerpo. Entre otras cosas, eso está relacionado, externamente, con la circulación de la sangre, que aumenta en ese momento, aunque de hecho sean las salamandras en el respectivo cuerpo físico del ser humano. Ambos grupos de salamandras son las salamandras personales del ser humano.

W.W.: ¿Esas salamandras personales están siempre con un único ser humano encarnado en el cuerpo físico durante toda su vida?

Echnaton: Eso varía mucho. Lo normal es que cada ser humano con su yo «dibuje» sus salamandras personales. Las salamandras personales se asientan principalmente —aunque no únicamente—, en la sangre. Se diferencian muy sutilmente de otras salamandras, según la marca yoica de la individualidad humana. Las salamandras de la persona que está sentada junto a uno de vosotros en el metro son diferentes a las propias. Pero puede ser que en el momento en que se toque a otra persona —sobre todo si se tiene predisposición hacia esa persona, la pareja o un hijo, por ejemplo—, esas salamandras se trasladen hacia la otra persona. La otra persona sin embargo debe «dar permiso» con su actitud interior para que las salamandras personales entren en ella. Por supuesto, la persona no es consciente del proceso. Por eso uno no puede calentarse los pies tan rápidamente como otra persona que tome los pies fríos con sus manos calientes.

W.W.: En un recién nacido, ¿desde qué momento están presentes y activos los dos grupos de salamandras?

Echnaton: Naturalmente, ambos grupos de salamandras están siempre presentes en un cuerpo físico en formación, pues siempre está impregnado de calor, pero un grupo solo se individualizará cuando comience la impronta yoica del ser humano, es decir, alrededor de los tres años. Solo entonces el ser humano dibuja una mitad de las entidades sobre la base de la cualidad de su yo. Pero eso no ocurre en un momento, sino que realmente se produce a lo largo de muchos años, en realidad durante toda la vida de un ser humano. Las salamandras de los jóvenes, pero más aún las de los niños, siguen siendo muy grupales. Esas salamandras también tienden a moverse entre las personas de un lado a otro cuando los niños están en grupo, por ejemplo, en una guardería o una clase.

W.W.: El yo es también una entidad calórica. ¿Qué sucede con el yo que no está encarnado? ¿Están también las salamandras con impronta yoica en él y a su alrededor?

Echnaton: Ciertamente no se puede decir así, pues las salamandras con impronta yoica solo serán en realidad dibujadas como tales, con impronta yoica, cuando un yo se encarne en un cuerpo físico. Pero hay muchas salamandras diferentes, ya hablaremos de ello. No solo hay salamandras en los seres humanos, sino también en todos los volcanes y en muchos otros lugares donde haya calor y fuego.

Seres calóricos de la Tierra

W.W.: ¿Qué entidades están relacionadas con el calor de la Tierra?

Echnaton: Se las podría denominar las salamandras de la entidad yoica de la Tierra. Con esto me refiero a las entidades de la entidad terrestre, del espíritu terrestre. Se trata de una entidad relativamente elevada. Igualmente, todos los demás planetas y cuerpos celestes tienen entidades muy poderosas que los conducen. Además, en cada volcán también hay una entidad del volcán. Luego, por encima de toda entidad volcánica está el pastor volcánico y completamente por encima de todas está el llamado Gran Volcán.

W.W.: ¿Qué entidades viven en la Tierra allí donde no hay volcanes, pero donde sin embargo está caliente, por ejemplo, en dirección al centro de la Tierra?

Echnaton: Esa es la entidad calórica del espíritu de la Tierra. Las entidades planetarias son entidades cálidas. Por supuesto, el espíritu de la Tierra tiene muchas entidades calóricas más pequeñas a su alrededor. Se podría denominar a la lava —pero solo en cierta medida, ¡cuidado!—, su sangre. Desde cierto punto de vista podría considerarse como una analogía. Otros denominan al agua la sangre de la Tierra, aunque el agua sea en realidad la vida de la Tierra. En todo el ámbito del calor terrestre y de los volcanes existe un sistema de coordinación muy diferenciado de entidades mayores y menores.

W.W.: ¿Estás tú también conectado con las entidades calóricas terrestres?

Echnaton: En cierto modo, sí. Las entidades de lava y las entidades calóricas elementales están bastante cerca. A través del sistema terrestre pertenecen a las entidades elementales. Yo mismo no tengo problemas para comunicarme con las entidades volcánicas. Es mucho más fácil que si tuviera que comunicarme con un calor generado químicamente. Estos últimos me resultan más extraños que las entidades volcánicas.

Llamas de velas, hogueras y fuegos de los altares

W.W.: ¿Qué entidad está asociada a una única llama de vela?

Echnaton: Si quieres considerarlo de una manera muy clásica, puedes ver en la llama de una vela el reflejo de una única salamandra.

W.W.: ¿Esa salamandra permanece conectada a la llama de una vela durante todo el tiempo de combustión?

Echnaton: No necesariamente. Puede suceder de formas muy variadas, por ejemplo, cuando las llamas parpadean. Las salamandras son entidades muy móviles. Está en su naturaleza serlo. Por ejemplo, si tienes un candelabro con muchas velas y todas las llamas parpadean, las salamandras estarán pasando, volando, de una llama a otra. Pero si solo se tiene una única luz, por ejemplo, una luz permanente en una cripta, entonces solo una salamandra estará conectada a la llama.

W.W.: ¿Qué hace esa salamandra en el momento en el que la llama arde?

Echnaton: Existe. Difícilmente se puede expresar de otra forma.

W.W.: ¿Quién decide qué salamandra del mundo elemental entra en la llama cuando se enciende una vela?

Echnaton: Eso lo decide un coordinador de muchas salamandras para determinado espacio o zona. Aquí, en este espacio, en el ámbito del molino y más allá, lo decido yo. Soy una entidad ígnea relativamente elevada y tengo muchas entidades a mi cargo que obran aquí en una determinada región, también porque por aquí en las casas hay muchos hornos. Concretamente aquí en el molino, lo coordina una entidad salamandra, que está en conexión con el horno. Pero la responsabilidad de todas esas relaciones es mía.

W.W.: ¿Hay muchas salamandras en un fuego, por ejemplo, en el fuego de una chimenea?

Echnaton: Sí. Casi como analogía se puede decir que en cada lengua de fuego actúa una salamandra. Pero cada fuego en una chimenea o cada fuego de hoguera tiene de nuevo una entidad superior que se ocupa de todo el fuego.

W.W.: Tomemos dos fuegos: por un lado, una hoguera de campamento en la que uno se hace café; por otro, una hoguera de Pascua o un fuego ritual similar... ¿las entidades de esos dos fuegos son diferentes entre sí?

Echnaton: Eso, como todo lo relacionado con el calor y el fuego, es bastante complicado. Simplificando un poco: Las entidades asociadas a una chimenea y a una hoguera no son significativamente diferentes. Las diferencias surgen por el gesto que hay detrás del fuego. En el fuego de un altar, una hoguera de San Juan o una hoguera de Pascua, siempre está detrás la cualidad esencial de las personas que han decidido encender esa hoguera, con determinada intención religiosa. Cada fuego ritual es encendido por una entidad yoica, y eso impregna a las llamas y a las entidades asociadas a ellas.

W.W.: ¿Así que la persona que enciende un fuego da forma con su yo a las salamandras de las llamas?

Echnaton: Sí, especialmente con los fuegos rituales. Pues a través de ese fuego la persona también se conecta con otras entidades superiores, con fuerzas básicas que están detrás. A través del fuego intenta establecer contacto con entidades puramente espirituales.

Fuegos intencionados y perjudiciales

W.W.: ¿Qué entidades se conectan con un fuego intencionado, por ejemplo, cuando uno quema diferentes residuos vegetales en el jardín?

Echnaton: Hay una cierta impronta humana en esas salamandras, pero no muy fuerte. Ese tipo de fuego tiene en realidad el mismo carácter que el fuego de una chimenea o de una hoguera de campamento.

W.W.: ¿Qué clase de entidades se asocian a un fuego dañino? Pongamos el ejemplo de alguien que incendia un coche...

Echnaton: La actitud malvada de esa persona da forma a las salamandras que tienen que surgir de ese fuego, o deslizarse en él. Además, con cada incendio hay varias entidades negativas que siguen actuando entre las salamandras. En el caso de los incendios provocados, suele haber pensamientos de venganza, a veces el trasfondo es solo el delirio de una persona. Los incendiarios suelen tener rasgos patológicos, y en el caso de un delirio hay un trastorno del yo, por el que, por ejemplo, se atraen entidades predominantemente luciferinas que influyen en el fuego. Aunque también pueden ser entidades ahrimánicas, dependiendo de lo fuertes que sean los pensamientos de venganza. Eso dependerá de si la venganza es tomada caliente o fría. Si alguien prende fuego a un coche de lujo concreto, detrás habrá pensamientos de venganza más bien fríos; así que las entidades ahrimánicas estarán relacionados con ello.

W.W.: Tengo entendido que, en la fabricación de objetos técnicos, cada vez que un ser humano acaba un objeto —o incluso una máquina—, una entidad elemental neutra se introduce necesariamente en ese objeto. Así, cuando se modela un recipiente, cuando una máquina fabrica un clavo, cuando un carpintero termina una silla, una entidad se cuela en ellos. Y esa entidad es neutral. Entonces, tal y como lo he entendido hasta ahora, esa entidad estará conformada por la yoicidad del ser humano. Si ese ser humano es un ser humano cristiano, y si además tiene determinados pensamientos religiosos en ese momento, entonces la entidad que dirigirá ese objeto tendrá la correspondiente impronta religiosa. Si el ser humano, como suele ser el caso, no tiene conciencia de esas conexiones, las más de las veces podrán apoderarse de tales objetos o máquinas entidades ahrimánicas y conformarlos de manera ahrimánica. ¿Lo he entendido correctamente?

Echnaton: Así es. Y en el caso de un incendio perjudicial, se da el caso de que hay allí dos grupos diferentes de entidades relacionadas con las llamas. Se puede volver locas a las salamandras con relativa rapidez. Por un lado, en tales incendios perjudiciales estarán presentes las salamandras ordinarias, a las que se añadirán las entidades oscuras. Esas entidades oscuras añadidas por el hombre pueden volver locas o salvajes a las salamandras; y eso ocurrirá tanto a causa las entidades luciferinas como de las ahrimánicas.

Y si, por ejemplo, se produce una conflagración por un incendio dañino, aparecerán además otras entidades muy distintas. Es lo que ocurrió, por ejemplo, con el incendio de Nôtre-Dame o con muchos de los frecuentes incendios de California o Australia en los últimos meses. Con ello se conectarán muchos demonios, espectros mayores, u otras entidades oscuras.

Fuegos químicos

W.W.: ¿Qué sucede con un fuego de gasolina, de aceite pesado o cualquier otro fuego que surja de sustancias químicas? ¿Se conectan con ellos otras salamandras?

Echnaton: Como ser humano lo puedes hasta oler. Si algo huele bien, es más probable que esté asociado a salamandras buenas; si una llama o los gases huelen mal, es más probable que estén asociadas entidades negativas. Esas entidades malas serán entonces entidades degradantes o transformadoras. Aquí simplemente debéis confiar en vuestra nariz. Si el fuego cambia de color, ya se puede ver externamente que hay otras salamandras en las llamas. También en todo coche con motor de combustión siempre hay ignición y calor. Ahí una salamandra trabajará con una cualidad fundamentalmente diferente a la de una salamandra que trabaje en la llama de una vela en calma.

Su carácter es muy difícil de describir; quizá sean más efímeras, más potentes, más intensas; mientras que las salamandras asociadas a la llama de la vela tienen más bien una entidad luminosa, correspondiente a la llama de la vela. Se pueden caracterizar y diferenciar más o menos según la finalidad de la llama. Una vela, o algo semejante, sirve para iluminar. Los fuegos técnicos o químicos suelen ser necesarios para la generación de energía. En un caso se transmite luz, en el otro energía.

W.W.: ¿Las entidades que están presentes en una llama de aceite o de gas, o en la chispa de encendido de un motor de combustión, son entonces entidades ahrimánicas?

Echnaton: Eso no se puede decir así. En sí mismas son entidades neutras. Pero son modificadas por la manera como se recurre a ellas. Las salamandras son precisamente a quienes vosotros los humanos más fuertemente modificáis, sobre todo para generar electricidad. Y ni siquiera os dais cuenta de que estáis modificando a las salamandras en muchas circunstancias de vuestra vida humana. Pues siempre os fijáis solo en lo que modeláis con las manos, desde el arte hasta las máquinas, y todo lo que está entre ambos. En especial, precisamente con vuestro ser interior, modificáis de manera permanente a las salamandras. Esa es también vuestra tarea como seres humanos, pues las salamandras son las entidades elementales que os corresponden en el mundo físico. Corresponden a vuestro yo en el nivel elemental.

W.W.: Si tenemos una vela encendida, en la mesa delante de nosotros, y una cocina de gas con una llama de gas, al lado. ¿Cuál es la diferencia de las salamandras en esas dos llamas?

Echnaton: La llama de la vela es mucho más fría que la del gas, y las entidades que se ven forzadas a entrar en la llama del gas ya están influidas por el medio, ya que son salamandras energéticas, mientras que las salamandras de las llamas de las velas tienen la tarea de brillar. Con las llamas de las velas se está con la cualidad de la luz, es decir, con un poder crístico; y por eso os gusta poner velas en vuestros altares. Con todos los fuegos energéticos, por ejemplo, con la llama de gas o en los motores de combustión, los altos hornos, etc., se está más con la fuerza original del motor primordial, con la base primordial de todo ser. Se trata de una cualidad no brillante de la llama.

W.W.: ¿Es posible valorar cualitativamente esos dos tipos de llamas?

Echnaton: Yo no valoro esas llamas. Tú sí que puedes hacerlo. Puedes acercarte como ser humano y decir, por ejemplo, que la llama de la vela es buena y la del gas es mala. Otro ser humano probablemente lo valorará al revés. Vosotros los humanos sois entidades yoicas y podéis hacer esa valoración. Esa es la decisión de las personas, pero no tiene nada que ver con el lugar que las entidades elementales ocupen en el mundo.

Rayos

W.W.: ¿Qué entidades están asociadas con el rayo y cuáles con el rayo globular?

Echnaton: En el caso de los rayos normales, es efectivamente la ira de los dioses la que se manifiesta, y aquí hay muchos tipos diferentes de rayos.

Los rayos en la naturaleza son manifestaciones yoicas de entidades espirituales no visibles.

Los rayos globulares son algo muy complicado. Un rayo globular es el intento de las salamandras de entender el agua. Un rayo globular tiene la forma de una bola, y la forma primordial de la bola es el agua. Cada gota de agua forma una esfera. El agua y el fuego son, según vuestra experiencia terrenal, en la que queréis llevar muchas cosas en vuestras construcciones terrestres a la forma cuadrada, elementos diametralmente opuestos. Sin embargo, los cuatro elementos básicos tratan de entenderse. Para que el fuego pueda comprender al agua y a la forma esférica, los espíritus creadores han ideado el rayo globular. Así que en el rayo globular —y esto es realmente contradictorio—, actúa una salamandra ondínica.

W.W.: ¿Hasta qué punto las salamandras aprenden sobre lo acuático o lo esférico cuando actúan en un rayo globular? ¿Qué ocurre en un momento así? ¿Qué entienden las salamandras acerca del agua cuando tienen la oportunidad de bajar a la tierra en un rayo globular?

Echnaton: Crean una forma. Experimentan un determinado proceso de cognición. El agua sabe a priori lo que es la forma. Las salamandras son, en realidad, entidades sin forma, o que actúan en estructuras sin forma. Así que en un rayo globular, no solo intentan comprender lo ondínico en sí, sino también el principio de la forma en sí. Lo experimentan en el rayo globular cuando consiguen crear en él una forma por sí mismas.

Un rayo en sí no tiene forma, como mucho es algo alargado y zigzagueante. Ese tipo de rayo es mucho más acorde con la naturaleza de las salamandras que la esfera. También podríais decir que la llama de una vela tiene una forma determinada, pero ese tipo de forma no proviene de las salamandras, sino del gas o del material de las velas, esto es, cera o estearina. Sin embargo, en el caso del rayo globular la salamandra consigue darle una forma.

W.W.: ¿Se da también el proceso inverso, es decir, que las ondinas quieran entender lo salamandrino de alguna manera?

Echnaton: En realidad eso se puede experimentar en cada proceso de cocción en el que se disuelve la forma y el vapor asciende. Además, toda entidad nubosa es un intento de acercarse a lo salamandrino. Ciertamente, todas las entidades elementales intentan conocer a los otros grupos de entidades elementales; en esa medida, en el caso del vapor de agua, también se podría decir que las ondinas quieren conocer a los silfos. Las entidades diametralmente opuestas son siempre los que más dificultades tienen para conocerse. A una ondina le resulta más fácil conocer lo sólido o lo aéreo que lo ardiente.

Árbol de Navidad

W.W.: ¿Qué pasa si uno tiene un árbol de Navidad con velas de cera y las enciende?

Echnaton: Actualmente la mayoría de los árboles de Navidad tienen luces LED. Pero si se trata de un árbol de Navidad tradicional con velas de cera, entonces podrías considerar al árbol de Navidad como un cande-labro cultural. Entonces será un árbol cultural. En él sucederá algo similar a lo que ocurre con cualquier fuego sacrificial. Así que cuando la gente se junta en torno a un árbol de Navidad luciente, eso da una impronta a las salamandras que actúan en las llamas. Especialmente en la época navideña, la espiritualidad asociada con ello es muy fuerte. Bromeando, describiría a esas salamandras como salamandras con una aureolita.

W.W.: Supongamos que en una familia hay un abeto con varias velas y que esas velas se encienden, ¿quién decide entonces qué salamandras van a las velas?

Echnaton: Las directrices básicas las hago en un ámbito determinado, aunque ahora no estoy presente en todos los árboles de Navidad. Nosotros los elementales ígneos mayores tenemos dos iniciativas. Por un lado, con tales árboles damos a las salamandras que alguna vez quieren ser «santas» la oportunidad prevista para ello. Esas salamandras, que son muy numerosas y siempre están dispuestas, tienen así la tarea y la oportunidad de obrar en esas velas. Pero si las salamandras tienen que actuar más bien en la zona oscura de las llamas, no queda más remedio que asignarlas. Para algo así no hay tantas que estén dispuestas.

W.W.: Toquemos el aspecto temporal: ¿Dónde están las salamandras justo antes de que se enciendan las velas de un árbol de Navidad, y adónde van cuando las velas vuelven a apagarse?

Echnaton: Se encuentran en el cuerpo cálido de la Tierra, al que igualmente vuelven cuando las velas se apagan.

W.W.: Y cuando se enciende de nuevo el árbol de Navidad o las velas al día siguiente, ¿vienen las mismas salamandras?

Echnaton: A veces sí, a veces no. Aunque si la gente enciende regularmente las velas de un árbol de Navidad, suelen ser las mismas salamandras, porque conectan con la persona, o las personas.

W.W.: ¿Las salamandras que obran en las diferentes velas de un árbol de Navidad alumbrado, se comunican entre sí?

Echnaton: Un poco, aunque no debes representártelo de forma demasiado humana, como si estuvieran hablando constantemente de diferentes temas. Por supuesto que no están aisladas unas de otras, pues pertenecen a una entidad luminosa común y tienen una tarea común. Sin embargo, entre ellas hablarán de sus experiencias, pero también con otras salamandras, sobre como moldean el mundo o como son moldeadas por el mundo mismo...

W.W.: Seguramente, también estarán moldeadas por las personas que tienen el árbol de Navidad en su vivienda...

Echnaton: Por supuesto. La gente les da forma especialmente cuando el corazón de las personas se templa con el árbol de Navidad luciente. Entonces el halo de las salamandras se vuelve más claro.

Salamandras en semillas y frutos

W.W.: Las salamandras no solo actúan en las llamas, sino también en las plantas, es decir, en semillas y frutos. ¿Puedes describir un poco a esas salamandras?

Echnaton: Las salamandras de las semillas son salamandras durmientes. En los frutos es un poco diferente. Cuando las salamandras viven en las semillas, tienen que desacelerarse enormemente, tienen que llegar a la calidad de reposo y adaptarse a una determinada meta, es decir, a la cualidad de fruto y maduración. Cuando una salamandra obra en una semilla descansa mucho, frena su energía para que la semilla pueda germinar cuando sea el momento.

Sin embargo, en el camino hacia la fruta deben ser muy activas, deben producir la cualidad de la dulzura. Para que un fruto se vuelva dulce, debe, en cierta medida, estropearse ya inicialmente. La maduración adecuada es un proceso que surge inicialmente de los procesos de descomposición. Pues tras la maduración, la podredumbre llega muy rápidamente. Eso se puede reconocer en algunas frutas mucho más rápido que en otras, por ejemplo, en un melocotón. En los primeros días el melocotón está muy duro, pero solo unos pocos días más tarde ya empieza a pasarse. Para que la salamandra produzca la maduración adecuada, debe conectarse con las entidades de la pudrición, lo que significa que debe dejar entrar gradualmente a las entidades de la pudrición en la fruta que está madurando. A medida que las entidades de la pudrición se hagan más numerosas, se apoderarán de la fruta y la salamandra se marchará.

Combustible, oxidante y chispas

W.W.: Si volvemos a observar el «cuerpo físico» de una llama, se necesitan tres cosas para crear una llama. En primer lugar, se necesita un determinado combustible, en segundo lugar, un oxidante —oxígeno o una sustancia que pueda desprender oxígeno— y, por último, se necesita una chispa o energía de encendido. ¿Cómo se relacionan esas tres áreas del mundo terrenal con la salamandra que se conecta con la llama que surge entonces?

Echnaton: Por un lado, las salamandras respectivas dependen mucho de los combustibles, porque cada combustible tiene una forma primordial para determinadas salamandras. Por otro lado, ese combustible puede permanecer en la Tierra sin arder si no hay chispa. Si se trata de un combustible líquido, se puede mantener para siempre en una botella sin que se consuma. Como falta el oxidante, falta la chispa. Pero cuando ambos se encuentran, las salamandras que tienen una conexión con el combustible concreto se precipitan desde el elemento calórico general del mundo. Hay diferentes grupos de salamandras que trabajan con cada combustible concreto, por ejemplo si es madera, fósforo, magnesio, cera o gasolina. El magnesio arde de forma muy diferente a la madera.

W.W.: En una llama hay presión negativa, lo que hace que se aspire aire del entorno. ¿Cómo se ve este proceso físico desde el nivel etéreo, o desde el de las salamandras?

Echnaton: Eso está relacionado con el hecho de que en vuestro mundo las llamas siempre se elevan. Lo que es precisamente un reflejo exterior de vuestra actitud, humanos. Cuando os esforzáis por conseguir cosas más elevadas, dirigís la mirada a las entidades espirituales superiores, o rezáis. Físicamente, a causa de una llama de ese tipo surge una presión negativa y el gas o aire del entorno es aspirado. Si hay muy poco oxígeno en ese gas, la llama se apagará. Por eso se pueden apagar las llamas con CO_2, por ejemplo. Ese proceso de succión también aspira a los silfos, además de a las salamandras que viven en la llama. Pero también otras salamandras pueden ser aspiradas, lo que se puede ver cuando no se trate de una sola llama que arda tranquilamente, sino cuando la llama parpadee o forme varias lenguas. Cuando se formen varias lenguas, se puede suponer que entonces hay varias salamandras obrando en la llama, normalmente.

Cuando se alumbraron los primeros fuegos

W.W.: ¿Qué pasó cuando la gente aprendió a encender fuego por primera vez?

Echnaton: Permíteme expresarlo de una manera antroposófica muy sobria: En el pasado los maestros primordiales de la humanidad mostraron a las personas cómo hacer fuego. Tal afirmación es, por supuesto, no demasiado esclarecedora en los tiempos que corren. La cualidad yoica que despertaba en los primeros seres humanos fue entrenada por entidades superiores, y uno de los resultados que siguió fue el alumbrado de fuegos. A eso también pertenecía cómo poder generar en el mundo exterior un elemental correspondiente al yo. Eso es de lo que se trataba con el fuego. Al convertirse en personas despiertas, debían ser capaces de dominar en el mundo exterior precisamente la cualidad yoica que vivía en su interior.

W.W.: Desde la perspectiva de las salamandras, ¿cómo fue eso?

Echnaton: En algún momento sucedió que los fuegos surgieron en la naturaleza no solo originados por entidades no humanas, como por ejemplo rayos, sino por entidades yoicas. Ese fue el comienzo. Comenzó muy tímidamente, extendiéndose cada vez más, volviéndose el fuego también maligno, y convirtiéndose la energía en electricidad. De esa forma se iniciaron muchas catástrofes.

W.W.: Eso suena muy negativo. Pero desde vuestro punto de vista no puede ser solo negativo, porque llegasteis a conocer a entidades yoicas muy diferentes que también crearon cosas muy significativas con el fuego.

Echnaton: Sí, por supuesto, eso también ha tenido un efecto muy formativo en nuestro mundo. Es nuestra tarea y la vuestra llevarnos bien unos con otros. Pero, ¡de verdad que los humanos no sois nada fáciles!

Estamos trabajando —esperemos— juntos

W.W.: Yo tampoco he dicho eso. solo me interesa saber cómo fue, desde vuestro punto de vista, que en ese momento apareciesen personas que alumbraran fuegos.

Echnaton: La situación previa era que habíamos esperado a los seres humanos y sus actividades. Eso suena ahora otra vez como si todo hubiera estado orientado hacia los humanos, lo que no es el caso. Sin embargo, las salamandras, en especial, estamos orientadas predominantemente hacia los humanos. Nuestra tarea es representar lo humano en la naturaleza, en lo elemental. Así que hemos vivenciado que en ese momento comenzó todo; no solo las catástrofes, sino también nuestras posibilidades de desarrollo.

No es solo que vosotros nos desarrolléis, sino que nosotros también os desarrollamos a vosotros. Estamos trabajando —esperemos— juntos. Estamos trabajando juntos cada vez más y más conscientemente. Siempre conocíamos este objetivo, y cuando comenzó con los primeros fuegos generados por el hombre, nos dijimos: «Ahora comienza, por fin». Desde entonces nos hemos ido desarrollando mutuamente. De esa convivencia han surgido muchas relaciones importantes, hermosas y de futuro, hasta llegar al amor de Cristo. Igualmente de ella han surgido otras tantas cosas malas, hasta llegar a la bomba atómica. Las bombas que se lanzaron sobre Nagasaki e Hiroshima también tenían una cualidad ígnea.

Primer contacto con las salamandras

W.W.: Las salamandras son probablemente las entidades elementales con las que la gente tiene menos contacto o con las que resulta más difícil entrar en contacto, a diferencia, por ejemplo, de las entidades arbóreas. ¿Tienes alguna sugerencia sobre cómo pueden establecer los seres humanos una relación más estrecha?

Echnaton: Es una cuestión de gusto del individuo, si prefiere habérselas con una semilla o con la llama de una vela. Para conectarse con las salamandras hay diferentes posibilidades, quizás en correspondencia con vuestros temperamentos. Una posibilidad es, si puedes, tal vez junto con niños, encender una vela regularmente a una hora determinada del día. Entonces uno también debería, al menos por breve tiempo, percibir conscientemente la llama de la vela. Tal vez uno pueda sentir entonces que una entidad está actuando en esa llama. Uno debe repetirlo regularmente. Entonces podréis sentir cada vez más la cualidad de las salamandras en la contemplación de la llama de la vela.

Otra persona con un carácter quizás más flemático puede sentirla mejor en la cualidad de una semilla. Entonces puede, al mirar una semilla, intentar sentir el calor de la semilla. Si no puede ser de otra forma, puede intentarse incluso con una semilla aplastada de muesli o con copos de avena. El que coma muesli cada día también puede imaginarse la cualidad de las salamandras en las semillas y acercarse a ellas. Eso puede parecer ahora un poco superficial, pero es ciertamente un primer paso.

Otras personas preferirán practicarlo en una ducha caliente o en la sauna. También ahí obra el calor, también ahí obran las salamandras. Eso se nota especialmente cuando se alternan duchas frías y calientes. Entonces se puede sentir muy claramente la presencia y la ausencia de las salamandras.

Salamandras en el calor del alma

W.W.: ¿Actúan las mismas entidades en el calor sanguíneo de una persona que en su calor anímico?

Echnaton: Ya nos hemos familiarizado un poco con las salamandras que obran en el calor del alma. Esas son las salamandras a las que antes me refería como santas. Son salamandras que creáis en vuestro espacio interior, a través del calor de vuestra alma. En realidad, son las mismas que obran en la sangre, porque el calor del alma también obra en la sangre. Aunque la sangre también puede estar fría en cuanto sale del cuerpo. Entonces esas entidades ya no estarán allí.

Las salamandras en el calor de la sangre obran en la zona donde el yo obra en el alma y un medio portador está presente. Ahora estoy pensando en un medio portador físico. Eso incluye al organismo humano. El alma del ser humano calienta el cuerpo y también el entorno que rodea al organismo, pues el ser humano irradia cierto calor. Ese es el aire que él calienta. El alma no solo está en el cuerpo físico, sino también un poco alrededor del cuerpo. El alma es llevada y animada continuamente por la cualidad yoica, y cuando eso sucede, el ser humano puede producir calor.

La chispa del yo hace arder una sustancia o la calienta a través del alma. Pero para ello el oxígeno también es necesario.

W.W.: Pero también debe ser posible sin combustible, sin cuerpo físico, porque después de la muerte el alma no está fría. ¿Cómo sucede eso?

Echnaton: Sí, uno puede, por ejemplo, notar a una persona fallecida que todavía está cerca de la Tierra como una vivencia de calidez. Lo que significa que incluso después de la muerte hay salamandras en el alma del ser humano. Las salamandras tienen su ser en ambos niveles, tanto en el material como en el suprasensible. Eso no es tan claro con otras muchas entidades elementales. Por supuesto, hay entidades elementales muy especiales que trabajan precisamente solo en lo suprasensible, por ejemplo, las entidades del nacimiento y de la muerte. Las salamandras tienen, por un lado, la posibilidad de ligarse a una sustancia en el mundo material, pero por otro, tienen la posibilidad de estar simplemente fuera del espacio material, en lo suprasensible.

W.W.: Las salamandras que viven con las almas humanas después de la muerte, ¿están siempre en esos ámbitos, o también obran sobre la Tierra, en llamas u otros combustibles?

Echnaton: Las salamandras son muy parecidas a vosotros. Como los seres humanos, van de un lado a otro.

Enviando salamandras al diablo...

W.W.: En el Kamaloka, el llamado purgatorio, el ser humano vivencia una cremación del alma debido a adicciones, o apegos similares, a la materia, que entonces ya no está presente. Me imagino que en ello también hay un cierto impulso de calidez. Si es así, ¿qué entidades viven allí?

Echnaton: Toda adicción tiene algo que arde en el alma, y en ese sentido las salamandras también conviven con toda adicción y en todo proceso de cremación del alma. En el purgatorio viven las salamandras que han sido asignadas desde el lado positivo del mundo espiritual para servir a los procesos que allí son necesarios. Lucifer y Ahrimán también tienen acceso a las salamandras; no solo pueden ser asignadas por las entidades divino-espirituales. Tan solo los humanos envían al diablo millones de salamandras que les pertenecen. Tales entidades están precisamente conectadas con cada gesto de odio, sobre todo con cada cólera. Tales entidades están conectadas con cada pensamiento de venganza, con cada percepción anímica negativa. Y el ser humano envía esas salamandras al diablo o a Satanás para que aviven las llamas del purgatorio. Por supuesto, es una imagen algo simplificada, la que esbozo aquí. Cuando algo arde en el alma del hombre, en el caso de una adicción, tanto en la tierra como en el Kamaloka, también arde la propia sustancia anímica del hombre. Después de la muerte, esa adicción ya no puede satisfacerse en el cuerpo, ya no puede extinguirse, porque la materia ya no está disponible, y entonces el ardor permanece hasta que se haya consumido.

Fuegos artificiales

Preguntas de Wolfgang Weirauch a Echnaton

En esta segunda conversación con Echnaton, hablamos de los fuegos artificiales y de las entidades asociadas, no solo a los diferentes cohetes pirotécnicos, sino también a los cohetes reales. Al mismo tiempo, echamos un vistazo a las entidades del humo, que están muy relacionadas con los fuegos artificiales.

También en este lugar Vds. conocerán cómo las entidades elementales de un grupo particular pueden integrarse en otros elementos sin transformar su esencia especial. De eso ya se ha tratado en conversaciones anteriores. Por ejemplo, las entidades aéreas en el agua o en la tierra, y las entidades acuáticas o las entidades pétreas en el aire.

Esta conversación tuvo lugar el 18 de febrero de 2020

Cohetes

Wolfgang Weirauch: Relacionado con los fuegos artificiales anuales de Nochevieja, me interesaría saber qué entidad se asocia con un cohete de Nochevieja que es lanzado.

Echnaton: Hay varias entidades asociadas a él. Dependerá de los productos químicos que lleve el cohete, que luego al explotar se mostrarán en los diferentes colores. Así que hay diferentes entidades salamandra asociadas a él, aunque más allá de eso el cohete estará guiado por una entidad cohete.

La varilla con el recipiente para las sustancias es realmente una técnica muy antigua, y en esa medida hay, desde hace mucho tiempo, diferentes entidades asociadas a ese tipo de cohetes. Divertirse con fuegos artificiales procede originalmente del ámbito asiático. En ese sentido, para los fuegos artificiales hay entidades antiguas. La entidad cohete precisamente se comunica desde hace mucho tiempo con las respectivas entidades que viven en los colores, o mejor dicho, en la base química de los diferentes aditivos metálicos y salinos. En el pasado también había fuegos artificiales en contextos religiosos.

W.W.: ¿De qué tipo son esas entidades cohete? ¿Hay también una entidad cohete superior a todas las entidades cohete individuales?

Echnaton: Hay una entidad pirotécnica, pero que tiene una cualidad completamente diferente a la de las entidades cohete individuales. La entidad pirotécnica también ha cambiado con relativa frecuencia en el transcurso de los últimos siglos. La entidad pirotécnica es una entidad elemental armónica —es decir, una entidad elemental superior— que, por un lado, está caracterizada fuertemente por cualidades ahrimánicas, por el poder precisamente; aunque por otro lado esa entidad pirotécnica también está caracterizada por las más diferentes facultades, a menudo infantiles, de asombro de las personas, que uno puede expresar ante los diversos fuegos artificiales. Todos los espectadores de cada fuego artificial, todas las fuerzas de asombro y admiración han dado forma a esa entidad pirotécnica a lo largo del tiempo. El asombro desempeña un papel importante en ella y de ninguna manera ha dado forma a la entidad pirotécnica con fuerzas negativas. Cuando el asombro es genuino siempre hay en él una cualidad muy inocente.

A las salamandras les gusta subirse a cada cohete

W.W.: Tomemos a un único cohete que es lanzado. En el momento en que el cohete se eleva, ¿se lleva consigo a una sola entidad cohete?

Echnaton: No, esa entidad cohete ya está ahí y se traslada a ese cohete cuando el cohete es fabricado. Cuando se lanza el cohete, las salamandras saltan a él. La entidad cohete misma no es una salamandra. Así que la entidad cohete lleva salamandras a bordo cuando es encendida, lo que les cuadra muy bien a las salamandras, porque les encanta elevarse hacia el cielo. Precisamente en un día soleado, innumerables salamandras ascienden y descienden entre el Sol y la Tierra. A las salamandras no les importa la distancia. La tendencia a ascender también se refleja un poco en ese cohete. En pocas palabras: a las salamandras les gusta subirse a todos los cohetes.

W.W.: De nuevo sobre las salamandras: ¿Realmente las salamandras solo se acercan cuando se lanza el cohete, o están de antemano conectadas de alguna manera a un cohete pirotécnico ya una vez terminado?

Etschewit: En sentido estricto, las sales metálicas del cohete pueden ser descritas como una especie de semilla. Las salamandras ya están conectadas de antemano a esas sales metálicas, y se podría decir que son salamandras dormidas que se despiertan en el momento de la ignición, mostrándose en el resplandor del color y elevándose hasta el cielo.

W.W.: Existen diferentes sales metálicas con sus correspondientes colores, por ejemplo, oxalato de sodio para el amarillo, nitrato de bario y óxido de cobre para el verde, nitrato de estroncio para el carmesí y otras mezclas de colores producidas con la ayuda de titanio, oro, aluminio, hierro, magnesio y potasio. ¿Cada sal metálica tiene salamandras diferentes?

Echnaton: Sí. Diferentes salamandras se combinan con las diferentes sales metálicas o entidades metálicas. Cuando las salamandras se combinan con las pequeñas entidades metálicas, y cuando se añade el calor de la combustión, se producen los diferentes colores de los fuegos artificiales.

W.W.: Cuando se lanza un cohete de Nochevieja y estalla con sus colores, ¿se manifiesta la propia entidad cohete? ¿O en cada centella se manifiestan incontables salamandras pequeñas?

Echnaton: Ambas cosas. La propia entidad cohete se manifiesta, pero en cada centella se manifiestan salamandras o entidades-centella. También hay salamandras en las centellas más pequeñas, que podríamos denominar salamandras bebés.

Entidades del humo y entidades de las explosiones

W.W.: Pero así también surge mucho humo, muchas micropartículas. ¿Qué entidades están asociadas a eso?

Echnaton: Las entidades del humo no tienen nada que ver con las salamandras. Aquí surge de nuevo otra relación. Ya hemos hablado del rayo globular y del deseo de las salamandras de vincularse con el agua en el rayo globular. Cuando las micropartículas se elevan en el aire, con ello se relaciona precisamente el deseo de los gnomos de conocer el ser sílfico. Las entidades que están conectadas con las micropartículas son verdaderas entidades del humo. Las entidades del humo no deben ser confundidas con las entidades de la niebla, que tienen una cualidad claramente ondínica, mientras que las entidades del humo tienen una cualidad gnómica.

W.W.: Tras el lanzamiento del cohete hay una explosión. ¿Qué entidad se asocia a la explosión?

Echnaton: Hay varias entidades del ruido y del sonido pues, aunque parezca un poco extraño, la explosión es un ruido y un sonido. Ruidos y explosiones ya han existido desde épocas prehumanas; en ese sentido, este tipo de entidades lleva sobre la Tierra desde hace mucho más tiempo que los humanos. Tras las entidades de las explosiones se esconden entidades sílficas.

W.W.: Tomemos otro fuego artificial especial, que suele llamarse «fuente». Estoy pensando en esos fuegos artificiales que se ponen en el suelo, que no salen volando, y que rocían a su alrededor un mar de chispas durante uno o dos minutos. Con ellos también se produce una gran cantidad de humo que se eleva en una gran nube. ¿Cómo se relacionan aquí las distintas entidades entre sí?

Echnaton: Las entidades de las centellas y las entidades del humo se mezclan, pero no se unen. Con este tipo de fuegos artificiales, una pequeña entidad volcánica también acude a ocuparse del tipo de fuegos que no vuelan hacia arriba. Pues esos fuegos artificiales son precisamente una reproducción en pequeño de los volcanes reales.

Micropartículas chinas

W.W.: A pesar de toda la belleza de los fuegos artificiales de Nochevieja, no hay que olvidar la cantidad de micropartículas que se extiende por el aire. En el caso de Alemania, eso corresponde a entre el 15,5 y el 17 % de la cantidad emitida por todos los coches y camiones cada año. La proporción de partículas de Año Nuevo corresponde al 2 % de la cantidad total de micropartículas en Alemania. ¿Qué tipo de fenómeno es ese?

Echnaton: Todo producto pirotécnico se compone de diferentes sustancias, empezando por el papel y la madera. Pero mucho más interesante es que las sustancias que componen las micropartículas no proceden de nuestras regiones, lo que significa que en la víspera de Año Nuevo grandes zonas, por ejemplo, aquí en Europa, se cubren con una fina capa de polvo que procede de una parte del mundo completamente diferente, principalmente de China. Eso influye mucho en el mundo. No te eches a reír: se podría comparar la expansión económica de China con la fina distribución de las micropartículas chinas. Suena extraño, pero tiene su parte de verdad.

W.W.: ¿Piensas que la influencia china se extiende sobre la Tierra?

Echnaton: Sí. El sustrato chino, por lo menos la producción de ese sustrato, se está extendiendo por toda la Tierra.

W.W.: No es solo el caso de los fuegos artificiales, sino que gran parte de los alimentos europeos también procede de China, como muchos productos para cocinar.

Pero, ¿qué ocurre con el hecho de que en la víspera de Año Nuevo esas enormes cantidades de micropartículas sean lanzadas al aire en todo el mundo en un periodo de unas 24 horas?

Echnaton: Eso es precisamente la globalización, detrás de la cual también están las fuerzas micaicas. Eso no debería ignorarse por completo. Demonizáis muchos de los efectos de la globalización, a menudo con razón, pero tampoco debéis olvidar el trasfondo positivo de los pensamientos micaicos, que precisamente están relacionados con ella. Siempre son ambas cosas. De todas formas, no hay ningún momento en la historia de la Tierra, a excepción de algunas catástrofes naturales, en el que se expulsen tantas micropartículas al aire como en Nochevieja. Las diversas erupciones volcánicas, que fueron todavía más graves, no fueron catástrofes provocadas por el hombre; los fuegos artificiales de Nochevieja son una contaminación atmosférica anual provocada por el hombre. Esas micropartículas son una enorme contaminación.

Aunque tampoco debemos olvidar que precisamente a esas micropartículas está pegada la admiración humana. Es la alegría humana la que también se extiende sobre la Tierra. Por supuesto, las micropartículas contaminan enormemente la naturaleza, pero la alegría asociada hace de ellas algo bueno. Con ellas también está relacionada la alegría de la gente por el nuevo año. Como consecuencia, el mundo es un poco más alegre. Siempre se dan ambas cosas.

Salamandras maltratadas

W.W.: ¿Qué ocurre cuando se dispara un cohete de Nochevieja y se incendia una casa?

Echnaton: A menudo las potencias superiores se apoderan en ese momento del cohete para iniciar procesos, incluso kármicos, que no pueden iniciarse de otro modo. Aquí no hay recetas generales, sino que hay que considerar cada caso particular. La persona que lanza ese cohete es, en la mayoría de los casos, inocente, pues no lo provoca intencionadamente (si bien tampoco es inocente del todo). Así, precisamente en una desgracia tan flagrante pueden intervenir fuerzas kármicas positivas, porque algo deba ser iniciado. Aunque no tiene por qué ser de ese modo obligatoriamente. Cuando alguien lanza deliberadamente un petardo o un cohete u otro artefacto pirotécnico contra un buzón, un coche o una casa, entran en juego fuerzas adicionales negativas. Se trata entonces de fuerzas negativas que provienen de situaciones malsanas de las personas, sobre todo de peleas, de intereses egoístas, de situaciones grupales negativas bajo intoxicación alcohólica, etc... Pueden ser fuerzas con un potencial muy negativo. Aquí hay posibilidades muy variadas para los demonios y los espectros que pueden colarse en esas ocasiones.

W.W.: Echemos un vistazo por un momento a los misiles militares. Si se derriba un avión con un misil tierra-aire, como hizo Irán, por ejemplo, en enero de 2020, ¿qué tipo de entidad está asociada a ese misil?

Echnaton: Si, como en el caso que describes, se lanza un misil de forma agresiva, también se asocian a él las entidades correspondientes. En el caso particular de Irán, hay precisamente seres de las creencias muy distorsionados, que han sido completamente deformados durante décadas en el clima de la obligación de creer sin libertad, y que vagan por allí. La creencia es en sí misma algo muy positivo, pero en el caso del llamado estado teocrático de Irán, esas entidades están completamente mutiladas. También pueden poseer a las personas y animarlas a cometer actos destructivos. Esas entidades también pueden adherirse a los misiles.

A eso se añaden las salamandras que son maltratadas. Las salamandras también están implicadas, porque un cohete de ese tipo también debe incluir mecanismos de encendido y fuego destructivo. Aquí las salamandras tienen que participar, pues no tienen libertad. Como los humanos producen y lanzan cohetes, esas entidades tienen que intervenir. Es diferente cuando la gente, por el impulso primordial de la curiosidad o de la investigación, lanza cohetes de investigación. Por supuesto, siempre hay intereses económicos de por medio, pero la principal fuerza motriz es la curiosidad o las ganas de explorar. La curiosidad siempre tiene una cierta cualidad cálida; y precisamente las salamandras tienen una cierta conexión con la curiosidad. Sin embargo, si esos cohetes no se envían a la Luna, sino que obedecen a una investigación con fines militares, las cosas vuelven a ser diferentes. Eso no es fácil de responder.

W.W.: ¿Qué entidad vive en un dron, por ejemplo, el dron Global Hawk con el que el comandante Qasem Sulaimani de la unidad iraní Quds fue asesinado por Estados Unidos el 3 de enero de 2020?

Echnaton: Aparte del hecho de que se trató de un asesinato, también hay un aspecto térmico asociado a dicho dron, es decir, un mecanismo de disparo; y aquí se aplica realmente lo mismo que he expuesto sobre el misil y el derribo del avión. La participación de las salamandras en los cohetes de Nochevieja les produce bastante placer; en el caso de los otros cohetes militares se ven obligadas a realizar las acciones que les dictan los humanos. Y eso puedo asegurarte que no lo disfrutan.

Conflagraciones

Preguntas de Wolfgang Weirauch a Echnaton y Etschewit

En esta tercera conversación con Echnaton también participa Etschewit. De vez en cuando sucede que en temas importantes dos entidades aparecen juntas.

Esta conversación versa sobre los demonios ígneos que aparecen durante los incendios, y que surgen del centro de la Tierra. Examinaremos la cuestión basándonos en los incendios de Australia. También se abordará el fenómeno meteorológico del dipolo del océano Índico.

En la charla también conocerán Vds. cómo afecta a las entidades del bosque y a las entidades animales el incendio de grandes superficies con sus numerosas entidades.

También se hablará de los espectros, que son grandes entidades negativas creadas por el ser humano, por ejemplo, mediante las malas leyes de un país.

Esta conversación tuvo lugar el 18 de febrero de 2020

Incendios y demonios ígneos

Wolfgang Weirauch: En los meses en torno al tránsito de 2019 a 2020, hubo en Australia incendios forestales excepcionalmente fuertes que duraron meses, al igual que en California, Indonesia, Siberia, Brasil y el Congo. Los incendios forestales son normales en Australia, pero no a esa escala. En los últimos años se ha sumado al problema la devastadora sequía por el cambio climático provocado por el hombre, aparte de la falta de lluvias y del intenso calor de hasta 50 ° C. ¿Cuál es el resultado de que se queme prácticamente medio continente y de que ya hayan ardido zonas del tamaño de Baviera y Baden-Württemberg?

Etschewit y Echnaton: Se producen muchos incendios, que tienen que ser llamados conflagraciones. Por supuesto, hay muchas salamandras involucradas; pero si uno designara a las salamandras como la causa de esos incendios, no estaría llegando al corazón de las conflagraciones. Cuando hay una conflagración, se acercan entidades ígneas muy diferentes.

W.W.: ¿Qué entidades son esas?

Etschewit y Echnaton: Se les podría llamar demonios ígneos. Hace siglos muchas personas todavía podían percibir a esas entidades que asolaban la Tierra, y las llamaban demonios ígneos. Mayormente son demonios ígneos que se encuentran en las capas profundas cerca del núcleo de la Tierra. La Tierra necesita de esas cualidades ígneas para mantener su calor allí. Así que los demonios ígneos obran allí algo útil.

Pero si salen, por los motivos que sean, tienen un efecto muy devastador sobre la superficie de la Tierra. La mayoría de las veces, el hombre no puede controlar a esos demonios ígneos, ni los efectos externos en las conflagraciones y, a menudo, solo puede esforzarse por proteger diversas zonas, de manera que no sean igualmente alcanzadas por los incendios. Así que esos demonios del fuego tienen que desahogarse. En realidad, esas entidades ígneas solo pueden ser detenidas si son capturadas de nuevo —por ejemplo, por personas capaces de hacerlo—, y conducidas de nuevo a su actividad original, es decir, al interior de la Tierra.

Codicia económica

W.W.: ¿Qué tiene que pasar para que un semejante demonio ígneo salga de la Tierra?

Etschewit y Echnaton: En primer lugar, las condiciones externas deben favorecer tal conflagración: esto es, el clima, el calor, la sequía y eventualmente los vientos. Por lo tanto, el demonio ígneo debe encontrar suficiente material para devorar. Sin alimento, ese demonio del fuego no puede actuar. Por otro lado, está la libertad humana y su intervención en los acontecimientos de la Tierra. Eso en realidad debería gestionarse correctamente y con sensatez. Pero las personas a menudo la aprovechan para su egoísmo, de forma que no pueden ver lo que están haciéndole a la Tierra.

Cuando se cambia algo en la Tierra, suele ser iniciado para obtener con ello un beneficio económico. El beneficio económico es llevado por potencias frías, en su mayoría incluso gélidas y paralizantes. El dinero es espíritu en forma paralizada. La falta de buena gestión de ciertas capas de la Tierra —porque la gente no las aprovecha con sensatez—, se une así a las condiciones externas que hacen posible una conflagración. Entonces puede prorrumpir una conflagración.

Así que en relación con Australia, se podría mirar si, además de las condiciones externas que favorecen el fuego, prevalece una codicia particular entre la población. Tal vez habría que ver también si predomina una ignorancia especial de las relaciones espirituales, o de las interrelaciones con las condiciones climáticas actuales. Si la sociedad que vive en esas zonas se entrega a esa codicia especial, se fomentan aún más las conflagraciones.

W.W.: Esa codicia estaba claramente presente en Australia, por ejemplo, a través del jefe de gobierno, Morrison, que negaba el cambio climático y protegía el consumo de carbón. Sin embargo, al mismo tiempo, se estaban produciendo grandes incendios en otras zonas del mundo, como Brasil, Siberia, el sudeste asiático y el Congo.

Etschewit y Echnaton: En Brasil es donde se ve más claramente prevalecer la mera codicia económica a causa del gobierno, que destruye la selva tropical con talas e incendios. En otros lugares, por ejemplo, en Siberia, eso no se ve tan claramente. A eso se añade que los poderes adversos se aprovechan, simplemente para causar daño, de las inestabilidades terrestres que existen en ese momento y que igualmente son necesarias. Entonces la situación general se desestabiliza aún más. Eso posibilita la tendencia hacia al caos.

Los bosques arden y sus entidades se retiran

W.W.: Echemos un vistazo con más detalle a los incendios y a sus consecuencias. En Australia, por ejemplo, ardieron en grandes áreas muchos bosques de eucaliptos, parques nacionales, u otros tipos de paisajes. ¿Qué sucede cuando un incendio destruye una superficie tan grande del paisaje?

Etschewit y Echnaton: Aquí vosotros, los humanos, debéis comprender y tener siempre en cuenta que las entidades de la naturaleza no son entidades humanas, y que vuestra compasión es un impulso humano, que no siempre es compartido por las entidades naturales. Una conflagración de ese tipo no es necesariamente tan temible para las entidades de un bosque como vosotros, los humanos, en principio podríais pensar. Por supuesto, una entidad del bosque no es feliz cuando sus árboles se queman. Pero justamente cuando se trata de incendios tan grandes, como en los últimos meses en Australia, las entidades del bosque ya lo sabían de antemano.

Pero si un bosque de eucaliptos es el lugar donde un ser humano malintencionado provocó el primer fuego, entonces la entidad del bosque de eucaliptos no lo sabía con antelación. Un incendio de ese tipo, provocado por el hombre, es mucho más terrible para la entidad del bosque que para las entidades de los bosques a los que luego se extienden los incendios consiguientes. Estas últimas saben lo que se avecina.

Cuando un bosque arde, la entidad del bosque expulsa a todas las entidades etéreas más pequeñas que obran en el bosque, y estas se trasladan al etéreo general. Las entidades etéreas puras no pueden arder. solo pueden arder sus anclajes físicos, es decir, los árboles y las plantas.

W.W.: Cuando un paisaje entero arde, ¿se retira también la entidad guía del paisaje?

Etschewit y Echnaton: Sí.

W.W.: ¿Regresa cuando un nuevo bosque vuelve poco a poco a crecer allí?

Etschewit y Echnaton: Eso siempre hay que verlo en cada caso. Generalmente, viene una nueva entidad del paisaje. Si, por ejemplo, se trata de un bosque de eucaliptos, que de ninguna manera ha moldeado al paisaje, la entidad forestal del bosque de eucaliptos se aleja, pero la entidad paisajística permanece. Si, como en Brasil, se llevan a cabo operaciones de tala y quema a gran escala por parte del hombre, y las entidades del paisaje son en realidad entidades del paisaje que se ocupan de la selva tropical, entonces la entidad del paisaje también se aleja porque el paisaje ha cambiado por completo. Pues tras esos incendios no se crea allí ningún bosque nuevo, sino solo, por ejemplo, plantaciones o pastos para el ganado.

W.W.: Entonces, si en Australia un bosque de eucaliptos arde, en principio la entidad paisajística permanece; si luego la gente conforma en la región quemada algo completamente diferente, como pastos para el ganado, o incluso un paisaje lacustre, ¿entonces la entidad paisajística también desaparece?

Etschewit y Echnaton: Sí. Pero también podría ser que la entidad del paisaje se metamorfoseara. Las entidades del paisaje pueden hacerlo. Si la gente transforma un bosque de eucaliptos que ha ardido en un paisaje lacustre, entonces se trata de una modificación muy flagrante, y entonces se suele convocar a una entidad paisajística que sepa de lagos. Algo parecido es lo que ha sucedido en los territorios del este de Alemania, en las regiones de lignito. Por regla general, las entidades paisajísticas que se trasladaron allí fueron otras.

W.W.: ¿Y qué pasa con las entidades más pequeñas de un bosque, es decir, con cada entidad arbórea, y con las entidades de las otras plantas que se han trasladado a lo etéreo?

Etschewit y Echnaton: Vuelven en algún momento y se trasladan a otros árboles, o a otras plantas en otra parte de la Tierra. Cuando viven en el etéreo general, son una especie de germen para una nueva forma de la planta en la Tierra.

Los árboles aprenden

W.W.: ¿Aprende algo un árbol cuando arde con todo el bosque, pasa a lo etéreo y luego vuelve a obrar en la Tierra como espíritu de otro árbol en otra región de la Tierra?

Etschewit y Echnaton: Sí, los árboles aprenden mucho de eso. No es atípico que ardan bosques enteros. Eso no solo ocurre por los incendios provocados por el ser humano, sino que sucede regularmente, incluso sucedía antes de que existiese el ser humano. Mediante el fuego, por ejemplo, las entidades arbóreas conocen la cualidad del calor, o mejor dicho, del fuego. Ya conocen una cualidad del calor, por ejemplo, en sus semillas o frutos, pero no la otra cualidad, la del fuego. Así, cuando un árbol se quema, la entidad arbórea conoce la otra cualidad del fuego.

También aprenden mucho sobre los humanos, aunque el fuego no haya sido provocado por los humanos, porque la entidad salamandra refleja la cualidad del yo humano en lo etéreo. Concretamente, en el caso de los árboles de Australia es un ejemplo bien elegido, porque hasta hace unos siglos no vivía mucha gente en Australia, por lo que las entidades arbóreas no han tenido muchos encuentros con las personas. Los aborígenes que vivían allí convivían tan estrechamente con la naturaleza que no mostraban su naturaleza yoica con tanta fuerza. Eso solo se produjo gracias a los europeos que se trasladaron allí. En ese sentido, los árboles también han sido preparados por los incendios para ese tipo de personas.

Cuando los animales se queman

W.W.: Las plantas no tienen alma encarnada, pero los animales sí. De forma que los animales pueden sufrir. ¿Qué les sucede a los animales cuando arden en una conflagración semejante? Tomemos como ejemplo los canguros o los koalas... Por ejemplo, los 25 000 koalas que murieron quemados en Canguro, la isla turística.

Etschewit y Echnaton: Esa es una vivencia extrema para la yoidad del animal. Puede llevar a ese yo a alejarse de la Tierra. Esa tendencia está presente en los osos koala, que de todos modos no lo tienen fácil en la Tierra, porque se alimentan prácticamente solo de hojas de eucalipto. El yo de los koalas aún no se ha puesto de acuerdo sobre si quiere seguir conectado con la Tierra. Sin embargo, se trata de procesos y no de resultados finales. El futuro lo dirá. Pero puede ser que la yoidad de los koalas se retire por completo de la Tierra, porque no pueden soportar la cualidad que vivencian del yo de los humanos. De todos modos, los osos están muy cerca de los humanos.

W.W.: Sin embargo, miles de millones de otros animales —lombrices, cocodrilos, canguros o pájaros—, también se han quemado. ¿Cómo es para sus yoes animales cuando arde un número tan grande de animales?

Etschewit y Echnaton: De nuevo, se trata de un encuentro con lo que, de alguna manera, refleja la condición humana; probablemente, de una forma más distorsionada en las conflagraciones y sus secuelas. Análogamente también se pueden ver tales conflagraciones como un acontecimiento bélico, pues la guerra es frecuentemente una cualidad humana. El yo del canguro, o el yo de los vombátidos, y otros yoes animales, reciben entonces una impresión muy parcial y belicosa de los seres humanos. Concretamente, en el caso del fuego, siempre se puede hablar del ser humano en su conjunto, porque el fuego siempre tiene relación con vosotros, los humanos.

Cambios para la entidad continental de Australia

W.W.: ¿Cómo se siente todo el continente australiano cuando arden zonas tan extensas?

Etschewit y Echnaton: La entidad del continente de Australia es una entidad muy grande. Ahora arde más de lo habitual. La entidad continental de Australia es una entidad angélica muy elevada, y aquí hay que preguntarse si esta entidad angélica deseaba esos incendios. En este lugar habría que ver si el karma de esa alta entidad angélica —los ángeles también tienen un tipo de karma—, está relacionado con los incendios, o si ha surgido algo completamente nuevo a través de ellos. Por supuesto, esos incendios afectan gravemente al continente y a la entidad continental. Así que puede ser que la entidad continental quiera, con esos incendios, determinar algo para el futuro, pero también puede ser que, a través de los incendios provocados por las personas, o por los demonios ígneos, esté siendo atacada. Aquí habría que mirar muy de cerca y con mucho cuidado, cosa que no podemos hacer ahora en esta conversación. Habría que tener en cuenta el estado de ánimo económico y general de la población de Australia.

El jefe de gobierno desestabiliza a toda una sociedad

W.W.: Australia es el segundo país del mundo con más emisiones de CO_2 per cápita, lo que ni siquiera ha sido contemplado críticamente por la mayoría de la población australiana. Hasta el momento de los incendios, allí no había ningún replanteamiento. Pero eso ha cambiado un poco con los incendios. Durante los incendios, el jefe de gobierno, Morrison, se fue de vacaciones a Hawái, sin preocuparse apenas por la población que sufría, mostrando poca o ninguna empatía, negando el cambio climático y manteniendo su confianza solo en el carbón. Únicamente hacia el final de los incendios se produjo también en él un cambio forzado. Puedo imaginarme que el aura de semejantes personas ignorantes haya favorecido los incendios.

Etschewit y Echnaton: Exactamente, ese fue y es el caso. Y se podría considerar como si estos demonios ígneos precisamente tuviesen la tarea de abrir los ojos a la gente. Desgraciadamente, el antecedente es también la libertad humana. Pero esa forma de pensar es también un antecedente. El jefe de gobierno, Morrison, está desestabilizando a toda la sociedad australiana con su pensamiento unilateral, y sus intereses económicos unilaterales. Cuando una sociedad está totalmente desestabilizada, como en Australia, da lugar a muchos tipos de fuerzas malsanas.

Toda sociedad abarca un espacio astral o espiritual, y en esos espacios pueden surgir fuerzas tanto positivas como negativas que superan ampliamente la escala humana. Cuando un jefe de Estado convoca virtualmente tales fuerzas malsanas, unidas a la estupidez y a la avaricia, se producen aún más pasos hacia un desarrollo malsano. Pues un jefe de gobierno tiene responsabilidad particular para con su país. Si se da una extremada preferencia unilateral a ciertas fuerzas, se descuidan otras fuerzas del otro lado, y se desestabiliza aún más a toda la sociedad en todos sus aspectos.

Dipolo del océano Índico

W.W.: En la zona de Australia y Asia se produce un fenómeno meteorológico llamado dipolo del océano Índico. Este dipolo es a veces positivo, pero otras veces negativo; y en 2019 fue positivo. Eso significa que el agua cálida se está alejando de Australia, hacia la parte occidental del océano Índico. De ello se deduce que, entre Indonesia y la costa noroeste de Australia, el agua fría sube desde las profundidades del océano, con la consecuencia adicional de que se forman menos nubes y de que, igualmente, en el centro y sureste de Australia hay menos precipitaciones en invierno y primavera. Entre 2019 y 2020 provocó que los incendios fueran más graves en el verano australiano. ¿Puedes decir algo de esas correlaciones?

Etschewit y Echnaton: Es un fenómeno global que los desiertos se formen allí donde las corrientes oceánicas frías se encuentran con las costas. Eso se puede ver, por ejemplo, en la costa occidental de África. Y en el norte de Australia. Por eso se llama dipolo. A veces hace calor, otras veces hace frío en el mar. La sequedad y la sequía que reinaban en Australia, provocadas por diversos fenómenos meteorológicos, eran el requisito previo para los incendios, para las conflagraciones y los demonios ígneos que actuaban en todos los incendios. Los demonios ígneos podían actuar tan masivamente porque tenían mucho alimento.

W.W.: Por los incendios también se produjeron nuevos fenómenos meteorológicos. Crearon nubes de fuego, las llamadas nubes pirocumulonimbos, que hasta ahora se habían observado en erupciones volcánicas. Ese fenómeno aún no se ha investigado, pero las columnas de humo pueden elevarse en la estratosfera hasta 48 kilómetros por encima de la superficie de la Tierra. Hubo muchas de estas nubes de fuego durante los incendios australianos, que también produjeron un clima propio, por ejemplo, tormentas eléctricas sin lluvia. A causa de esos incendios, surge siempre una corriente ascendente. A medida que el aire se lanza hacia arriba, el aire en su ascenso recoge las partículas de hollín y las cenizas como una aspiradora. En la altura, el humo se enfría y se condensa, formándose finalmente nubes. De esas nubes puede llover, pero también pueden surgir rayos y fuertes corrientes de viento, que vuelven a provocar a su vez nuevos incendios. ¿Qué entidades son atraídas por esas nubes de fuego ascendentes sin lluvia? O, ¿cómo actúan en esas nubes de fuego?

Etschewit y Echnaton: Esas nubes de fuego las hay en vuestro planeta desde hace mucho tiempo. Sin embargo, como los humanos vivís en él desde hace tan poco, no habéis tenido muchas posibilidades de observarlas. Las erupciones volcánicas son fenómenos más bien raros para los humanos, pero son más frecuentes para las entidades terrestres que llevan mucho más tiempo aquí. Las nubes ígneas que describes surgen en muchas grandes erupciones volcánicas.

W.W.: Pero el hecho de que se formen esas nubes de fuego durante los incendios en medio del terreno es bastante nuevo, ¿no?

Etschewit y Echnaton: Sí, eso es en gran parte correcto. En realidad, se trata de un fenómeno nuevo, al menos con esa forma, para el tiempo en la Tierra que podéis abarcar. Pero si se observa toda la historia de la Tierra, ya anteriormente hubo incendios forestales de tal magnitud. Esos grandes incendios forestales también se han producido sin seres humanos. Vuestro problema es que vivís poco tiempo, por lo que os dais cuenta de esos incendios por primera vez. Pero no es la primera vez que la Tierra experimenta algo así.

Lo importante de esas nubes de fuego es que, debido a su ímpetu interior, arrastran grandes partículas de hollín, al igual que una corriente rápida de agua también puede arrastrar grandes trozos de madera. Las corrientes de calor que se elevan llevan consigo grandes partículas de hollín. Como hay tantos componentes tan bastos en esas nubes de fuego, también aparecen entidades nubosas significativamente más bastas. Cuando las entidades de las nubes son significativamente más toscas, también son susceptibles de acoger a muchas entidades negativas. Estas pueden ser, por ejemplo, las entidades de las malas leyes de un país, es decir, espectros, como fue el caso de Australia, por ejemplo, con las leyes para la explotación despiadada de la naturaleza y con la dependencia unilateral del consumo de carbón. A través de las malas leyes de ese país, se encarnan espectros o incluso ángeles negros, que luego pueden influir en esas nubes toscas de fuego.

W.W.: Me gustaría compararlo brevemente con una sociedad no democrática, por ejemplo, Irán. Allí abundan leyes y reglamentos malos o retrógrados, como en cualquier otra dictadura. ¿Es propiamente peor que se promulguen leyes malas en una democracia pudiéndose promulgar leyes más progresistas y mejores?

Etschewit y Echnaton: En general, se puede decir que las malas leyes también tienen que ser consideradas como tales por una gran parte de la población del país respectivo, o incluso por la población mundial. En un país más bien pequeño, con leyes ancestrales, con una estructura antigua, que no tiene un impacto externo muy grande, y que quizás tampoco sea necesariamente vista como mala por la población... son más bien pocos los espectros que allí surgen.

Sin embargo, Australia es una democracia, y las leyes sobre la quema de carbón también fueron percibidas como negativas por gran parte de la población mundial, de forma similar al alejamiento de la administración estadounidense, o de Trump, de los objetivos climáticos originalmente acordados; entonces sí que surgen grandes espectros.

En China, esto es de nuevo muy diferente. Aunque propiamente una gran parte de la población mundial es extremadamente crítica con China, una gran parte de la población china lo ve de otra manera. Las interrelaciones son muy complicadas y habría que estudiarlas más detenidamente en cada caso.

W.W.: ¿Y qué hacen entonces esos espectros con las nubes de fuego?

Etschewit y Echnaton: Se apoderan en parte de las entidades nubosas y aumentan aún más el clima extremo. Surge una espiral que se fortalece a sí misma. Esos espectros también podrían llamarse dioses locales, ya que provocan rayos, provocando así nuevos fuegos.

W.W.: Cuando los fuegos se extinguen, ¿esas entidades siguen teniendo un efecto destructivo en alguna parte?

Etschewit y Echnaton: Las entidades de las nubes ígneas van al etéreo y esperan hasta la siguiente erupción volcánica. Con los espectros es más complicado. Una vez que se ha creado un espectro, tiene que ser disuelto. Eso puede suceder, por ejemplo, mediante un cambio de ley, mediante una ley mejor. Hay que crear entidades buenas u opuestas, que puedan neutralizar a ese, o a esos espectros. Pero deben tener mucha fuerza para poder transformar a los espectros. Las así llamadas entidades malignas pueden ser transformadas. Entonces tenéis, en este mundo, la gran fortuna de que todas esas así llamadas entidades malignas, solo son entidades asignadas, que tienen que surgir porque tienen que ocuparse de una cierta base que vosotros, los humanos, habéis creado. Así que esas entidades son malignas porque tienen que serlo, no porque quieran serlo por sí mismas. Sin embargo, en sus efectos son terriblemente destructivas. También son demasiado fuertes para el ser humano individual.

Pero cuando una sociedad toma contramedidas, cuando despierta, cuando se da cuenta de que lo que se ha decidido en esa sociedad y lo que en ella vive no es aceptable, entonces se desarrollan entidades que tienen la fuerza de transformar a las entidades malignas.

W.W.: Muchas gracias.

Etschewit y Echnaton: De nada.

Retrospectiva sobre las charlas

Preguntas de Wolfgang Weirauch a Etschewit

En esta conversación hago una retrospectiva con Etschewit sobre nuestra colaboración: por un lado, cómo él preparó estas conversaciones entre los seres humanos y las entidades suprasensibles durante varios siglos; por otro, cómo comenzaron las conversaciones en el molino con Verena y Friedrich; y finalmente, cómo fueron continuadas conmigo, y publicadas por mi editorial. El tema también será lo que ha cambiado en las personas como resultado de las conversaciones.

Esta conversación tuvo lugar el 18 de julio de 2018

Etschewit — ser y tarea

Wolfgang Weirauch: Desde el verano de 2002 hemos elaborado unos 50 libros sobre entidades naturales y espirituales. ¿Qué papel has des-empeñado en eso?

Etschewit: Llevo más de 500 años preparando estas conversaciones. Müller, el espíritu doméstico de este molino de agua, ha preparado el espacio para las conversaciones, y yo he preparado el espacio más grande alrededor para ellas. Me he dedicado a este molino de tal manera que pudieran ocuparlo personas que, sobre la base de sus encarnaciones anteriores, estuvieran preparadas de tal manera que pudieran hablar en esta vida, y en este tiempo, con las entidades naturales y espirituales, de la forma dada a conocer hasta ahora. Junto con Müller, soy el encargado de dar espacio a esto. No soy el inspirador, porque eso lo fue, humanamente hablando, mi buen amigo, el Grande. Para preparar este espacio, necesité varios siglos de dedicación. También he acompañado las líneas de encarnación de las personas que ahora viven en el molino.

W.W.: Si me lo imagino así, en realidad solo es posible una preparación bastante vaga, es decir, que en algún momento la gente pueda hablar con los seres de la naturaleza. Pero en aquel momento, desde el punto de vista espiritual, seguramente que no era posible pensar, concretamente, en qué personas y cuándo se reunirían aquí en el molino, o en otro lugar, para las conversaciones. Desde luego, tampoco era posible prever los medios técnicos de las conversaciones —libros, editoriales, dictáfonos o Internet, etc...—, ni la movilidad de las personas en general.

Etschewit: Por supuesto. Somos los cuidadores de la naturaleza y, básicamente, trabajamos con prodigalidad. En ese sentido, no hemos seguido solamente una línea humana con respecto a las conversaciones. También otras personas podrían haberlas realizado, pero en los años anteriores al inicio de las conversaciones, surgieron las personas concretas y luego se reunieron aquí, asumiendo la tarea de las numerosas conversaciones.

Con prodigalidad quiero decir que un manzano no da una sola manzana, sino muchas. De ese modo, hemos planificado estas conversaciones en función de las personas; y también hubo alternativas para ello. También había alternativas a ti, pero tú te pusiste entonces a disposición de estas conversaciones. Las diferentes variaciones de los posibles dispositivos de grabación no fueron importantes para las charlas en la preparación. Lo único que nos importaba era que las conversaciones tuvieran lugar, y se hicieran públicas. A lo sumo, nos era importante, al principio de las charlas y durante las mismas, que encontraras un modo de grabación que te resultara práctico.

La editorial Flensburger Hefte también ha sido apoyada desde el mundo espiritual, porque habéis tocado una gran variedad de temas; y una vertiente de eso fue que vosotros finalmente llegarais a las conversaciones con los espíritus de la naturaleza. Antes de que empezaran estas conversaciones, siempre se contaba aquel chiste en vuestra editorial: «¡Un día de estos terminaréis entrevistando a un espíritu elemental o a un ángel!» Y eso es, precisamente, lo que ha sucedido. En realidad, no era un chiste, era una previsión inconsciente y breve, solo que fue formulada como chiste.

Establecer las conexiones: esa es mi tarea, que he descrito como abrir el espacio para las conversaciones.

W.W.: Nunca te he preguntado: ¿Quién eres tú?

Etschewit: Si uno lo definiese con precisión, os quitaría a vosotros, los seres humanos, la libertad. Lo que sí que puede ser hecho público es que me llaman el Ángel de las Aguas. Si se habla del Ángel de las Aguas, entonces vosotros, los humanos, podéis convivir bien con ello, y lo tratáis con naturalidad; completamente diferente a cuando se habla del arcángel Miguel, por ejemplo. Porque eso crea un extraño tipo de reverencia.

Un arcángel está jerárquicamente —no se trata de una valoración—, por encima de los ángeles guardianes, mientras que un Ángel de las Aguas o un Ángel del Aire, en cambio, está mucho más arriba. Todos esos ángeles especiales de las aguas, del aire, etc... están, por lo tanto, significativamente más alto en términos de su poder que, por ejemplo, los arcángeles. Pero desciendo hasta formas que Verena puede soportar, y que la gente entiende. Y lo hago en todo el mundo; así que no soy solo el nöck de esta zona. Verena puede ponerse en contacto conmigo en todo el mundo. Con otras entidades, como Müller, no es así.

En el marco de mis tareas, tengo mucho que ver con el agua y con la entidad de la Luna. También tengo nombres antiguos, de los diferentes mitos populares. Pero desde entonces, he cambiado mucho. Sin embargo, todo esto no tiene por qué interesaros a vosotros, humanos, ya que sigo siendo Etschewit para vosotros, respondiendo a vuestras preguntas aquí en el marco de vuestras conversaciones del molino, y abriendo este espacio. Y no pasa nada si la gente solo percibe aspectos parciales de mí, como Verena precisamente solo los percibió al principio.

Verena y Wolfgang

W.W.: Hablemos entonces de los niveles más bien inferiores de tu esencia y actividad. Tú preparaste estas conversaciones aquí. ¿Qué fue diferente para ti o, qué cambió, cuando Verena te percibió por primera vez? Y ¿qué cambió cuando yo mismo aparecí por primera vez, y creé, y publiqué el primer libro con vosotros?

Etschewit: Cuando Verena me percibió por primera vez, brotó en mí una gran esperanza de continuar. Durante unos años obramos juntos de forma bastante activa aquí en el molino y, poco a poco, Verena fue adquiriendo una manera en sus capacidades, y en sus conversaciones conmigo, y con las demás entidades. Entonces surgió, como primera posibilidad de publicación, la obra básica *Conversaciones con Müller*, que es una obra completa en la que también me presenté al público por primera vez, aunque este libro aún no se había impreso.

Durante el tiempo en que surgió esa obra, tú ni siquiera estabas aquí. Durante ese año, mi tarea consistió en poner cierto orden en las conversaciones, porque estas también empezaron a desbocarse un poco, atrayendo a entidades oscuras que, a veces, también acosaban masivamente a Verena. En esas conversaciones, me desvelé parcialmente para poner orden en las conversaciones. Además, le pedí al Grande que se uniera a mí para crear con él el plano acuático-luminoso, que forma una envoltura protectora estable y mantiene a los poderes adversos a distancia.

Entonces llegaste tú, también con un enjambre de potencias adversas como séquito, porque ya se habían fijado en ti desde hacía tiempo, también por tus otras publicaciones, y querían impedir tu trabajo. Tu tarea principal, llevar la antroposofía a palabras más humanas y contemporáneas, no era deseada por las potencias adversas. El mundo espiritual tuvo que hacer algunos esfuerzos para que pudierais ser, y obrarais con tanto éxito.

Cuando apareciste aquí en el molino, en todas las conversaciones se añadió una cualidad completamente diferente, a saber, la cualidad periodística, que precisamente debías traer contigo. Y, sobre todo, la cualidad de hacer preguntas. Eso no está en la esencia de Verena. Ella es respuesta, pero tú eres pregunta. Verena no nos hizo preguntas, a pesar de que las *Conversaciones con Müller* de Friedrich y Verena abrieron un año de conversación con las 17 entidades naturales y espirituales. Pero Verena es respuesta, no pregunta. Sin embargo yo necesitaba la pregunta, y eso lo eres tú. Toda tu vida es una pregunta. Preguntas porque te interesa todo. Por eso os hemos reunido como hermanos de espíritu. Sois pregunta y respuesta.

El primer «Flensburger Heft» sobre espíritus de la naturaleza

W.W.: Cuando se publicó el primer *Flensburger Heft* de conversaciones con las entidades de la naturaleza, el *Flensburger Heft* n.º 79, *Lo que nos dicen los espíritus de la naturaleza*, y mucha gente tuvo conocimiento de estas conversaciones, ¿qué sucedió?

Etschewit: Mucha gente conoció estas conversaciones, y fueron bien recibidas. Las reacciones fueron tan fuertes como preveíamos, es decir, tanto de aceptación como de rechazo. En cualquier caso, mucha gente dirigió su atención a las charlas.

A continuación, iniciamos el proyecto piloto de seis meses de duración, en el que la gente podía formular sus propias preguntas, a las que respondíamos. Algunas de las cuales se publicaron en el *Flensburger Heft* n.º 80, *Nuevas conversaciones con los espíritus de la naturaleza*[6]. Pero al mismo tiempo, explicamos que debían ser preguntas razonables y no egoístas. A través de esto experimentamos cómo todos estos niños-rey de hoy en día solo se preguntaban por sí mismos, y por lo que les quedaba cerca. De las muchas preguntas, había muy pocas razonables; la mayoría de ellas estaban relacionadas con la propia persona. Eso fue muy triste. Pero tampoco fue del todo inesperado.

Muchas de las personas que tenían preguntas razonables solían pensar que sus preguntas no eran lo suficientemente importantes; pero todos los niños-rey, que pensaban que sus preguntas eran muy importantes, hacían más bien preguntas poco importantes. Pues se sentían los más importantes de la Tierra. Eso avergüenza un poco a la humanidad. Muchos de vosotros habéis conseguido convertiros en hijos de reyes, pero a menudo no habéis conseguido salir de vuestra realeza privada. Muy escasamente empezáis a dar forma al mundo en un sentido positivo, es decir, en un buen sentido real. Vosotros seguís siendo mayormente príncipes y princesas, preocupados solo por vuestro propio bienestar.

Tú, en cambio, has planteado preguntas completamente diferentes, tus preguntas eran de interés general y, por tanto, podían ponerse a disposición de la gente.

Rechazos

W.W.: ¿Cómo hacéis frente a las personas que califican estas charlas con las entidades naturales y espirituales de tonterías, y que además, a raíz de ello, se han alejado de nosotros, o de nuestra editorial?

Etschewit: Eso demuestra que la antroposofía ha entrado en la cabeza de mucha gente, pero que no ha llegado a todo el ser humano. A través de esas personas, la antroposofía es captada solo con el intelecto, pero no con todo el ser humano. Con un pensamiento puramente intelectual, en realidad, nuestras conversaciones solo pueden ser rechazadas. Pero si

6   *Neue Gespräche mit den Naturgeister.* No traducido al español. (N. del T.)

esas personas hubieran captado la inteligencia cósmica de Micael, no solo la inteligencia ahrimánica, habrían podido captar nuestras conversaciones como una nueva posibilidad, y no como algo demoníaco o similar.

Esto significa que gran parte de lo expuesto por Rudolf Steiner hace unos 100 años no se ha encarnado y desarrollado de la forma prevista. La antroposofía no ha captado suficientemente al ser humano en su totalidad, o viceversa: la gente no ha absorbido adecuadamente la antroposofía. Por supuesto, esto es individualmente diferente para cada persona. Especialmente, en la antroposofía institucionalizada se ha dado la menor antroposofía, hasta hoy. Este es uno de los resultados más importantes y al mismo tiempo más tristes para el Grande, que también ha sacado importantes conclusiones, que ya se están mostrando y seguirán mostrándose.

W.W.: ¿A saber?

Etschewit: La antroposofía institucionalizada será mucho menos apoyada por él, mientras que la antroposofía individual, es decir, los pequeños caminos de lobo, como también los llamó, serán mucho más apoyados y fomentados por él. Los caminos individuales hacia la antroposofía, hacia el mundo espiritual, hacia la iniciación individual, tienen mucho más apoyo de su parte. Eso puede verse en las pequeñas células que están surgiendo en todo el mundo. Y todas esas personas hacen lo antroposófico, o lo espiritual, un poco diferente de lo que es habitual en la antroposofía institucionalizada, lo que frecuentemente suele molestar a la gente de las instituciones antroposóficas, en mayor o menor medida. La antroposofía institucionalizada es, ciertamente, importante, también como protección de las pequeñas células espirituales de todo el mundo, pero su importancia ha decaído claramente en el plano espiritual. Pero eso no significa que las instituciones no sean importantes. Una escuela superior con diferentes clases, o diferentes carnés de socio de diferentes colores, ya no es tan importante, al menos espiritualmente hablando.

Cambios

W.W.: Volviendo la mirada atrás, ¿qué ha cambiado para vosotros, para las personas, y para el mundo, después que hayamos mantenido estas conversaciones durante 16 años y publicado unos 50 libros?

Etschewit: Ha surgido una comprensión global de las entidades de la naturaleza. Las personas han adquirido conceptos adicionales para las entidades de la naturaleza y su mundo. Probablemente en el futuro sucederá con estos términos lo que ya ha sucedido con muchos otros términos antroposóficos: que se independizarán, difuminándose o fosilizándose.

Pero este no es todavía el caso. Todavía están muy vivos todo el contexto y el lenguaje en el que hablamos. También es un paso muy importante en nuestro trabajo global que cada vez más personas sepan que no solo existen los cuatro grandes grupos de entidades elementales (gnomos, ondinas, silfos y salamandras) sino muchas otras entidades con un obrar muy diferenciado. Hay entidades del rebaño, de las ovejas, de la lana, del vidrio, de la sal, del papel, de la potasa, espíritus de la casa, entidades del metal, de las máquinas, duendes, espíritus de los árboles, hadas, etc. En todos los ámbitos materiales, en todas las cosas vivas y con alma, están las entidades correspondientes, y hay tantas entidades diferentes que es imposible enumerarlas todas. Pero la visión diferenciada de estas entidades innumerables y de obrar diferente ha surgido en todo el mundo a través de tus libros, ha sido comprendida en todo el mundo. Me quito el sombrero.

W.W.: ¿Hay algo más que haya cambiado desde entonces?

Etschewit: ¿No es suficiente? Hay algo más que ha cambiado decisivamente: La gente se atreve a hablar de las entidades de la naturaleza.

Tanis Helliwell, por ejemplo, que escribió su libro *Un verano con los duendes* poco antes de que llegáramos con nuestros libros, todavía fue vista como algo muy exótico. Después de nosotros, han venido otras personas que escriben sobre entidades elementales, o entidades de la naturaleza, u otras entidades espirituales, y que presentan sus percepciones y encuentros. Actualmente, casi todo el mundo se atreve a hablar de todas estas entidades. Muchos de los que tienen percepciones suprasensibles hablan ahora de ellas y consiguen audiencia sin que se les mire con extrañeza. Eso incluye a los comunicadores de animales, y también otras direcciones esotéricas. Todas estas personas se atreven ahora a hablar de estas conexiones, y eso lo habéis preparado vosotros.

Desde entonces, precisamente, se sabe que hay mujeres y hombres que pueden hablar con los ángeles. Y cada vez hay más gente que desprecia menos los mundos suprasensibles, aunque sea escéptica. Por lo menos, muchos de ellos se asombran.

W.W.: ¿Y qué ha cambiado para vosotros y para el mundo?

Etschewit: Vemos con asombro hasta qué punto los procesos de encarnación de las realidades espirituales han tenido éxito a causa de vosotros, los humanos. Y hemos aprendido la verdad de estas relaciones, porque nosotros mismos, las entidades espirituales, no podemos mirar en los yoes humanos. Eso, solo Cristo puede hacerlo. Así que aprendemos de los seres humanos cómo proceden frente a las realidades espirituales; también cómo dan forma a su libertad. Cristo mismo puede mirar en los yoes de las personas, pero no lo hace porque ha hecho posible la libertad. Sin embargo, los demás podemos examinar vuestros actos. Aunque sepamos mucho más de vosotros que vosotros mismos, dentro de vuestro yo no podemos mirar.

Además, nosotros, que hemos participado en las conversaciones aquí a un nivel más cercano, hemos interesado a otras innumerables entidades —entidades propias de la Tierra, de Marte, ángeles, animales yoicos, plantas yoicas y otras entidades—, por estas conversaciones. Fue un propósito del Grande, y mío, hacer aceptable la idea de que pueda darse una comunicación entre los seres humanos y las entidades espirituales. Esa comunicación es posible. Y hay personas que pueden hablar con las entidades naturales y espirituales, y además con plena conciencia.

¿Y el futuro?

W.W.: Ahora vamos a poner fin a la editorial. No sabemos qué nos traerá el futuro, pero desde la perspectiva actual no publicaremos más libros. Quizás también de cara a un futuro en que ya no haya más libros... ¿qué recomiendas a las personas familiarizadas con nuestros libros anteriores en cuanto a su contacto con las entidades naturales y espirituales?

Etschewit: ¡Ya se verá lo que ocurre en el futuro!

Ahora se podría considerar un grupo especial, por ejemplo, los árboles. Una vía es uniéndose a las personas que se han ocupado de los árboles gracias a nuestros libros, incluso con árboles con los que no habéis hablado. Esos grupos de personas suelen estar relativamente ocultos, por lo que podría ser complicado. Esos grupos suelen ser relativamente reservados frente al público, si son buenos. En esos grupos están, por supuesto, todos vuestros libros, pues trabajan con ellos. Eso forma parte de su trabajo básico.

Otra vía es leyendo el libro básico, es decir, *Conversaciones con Müller*, porque allí se aprende cómo Verena fue progresando siempre en sus percepciones, contactos y conversaciones a lo largo de un año. Al principio solo tenía contacto con Müller. Y en conformidad con Müller, sugerí que se ampliara el círculo de entidades. En ese libro se aprende bastante sobre la posibilidad de establecer contactos y su ampliación. También se aprende mucho sobre las técnicas de las conversaciones. Pero hay que leer los libros conscientemente. Se podría, por ejemplo, leer estas charlas durante un año, en el día correspondiente. Nada de lo que aparece en ese libro es mentira, las conversaciones se mantuvieron siempre en el día cuyas fechas están escritas al principio. Así también se llega a una mayor comprensión de cómo percibir a los seres de la naturaleza.

También el número 93 de los *Flensburger Heft, Sobre la eternidad y la oscuridad de la vida* [7] es, precisamente, muy adecuado para ese propósito, ya que contiene una gran cantidad de conocimientos básicos. Aunque el título tan poético no lo sugiera, es en realidad uno de los libros que se debería leer al principio.

Y solo el tiempo dirá todo lo que queda por surgir de vuestras conversaciones.

---

7   *Von Ewigkeit und Lebensdunkel.* No traducido al español. (N. del T.).

Espíritus domésticos. Principio y fin de los «Flensburger Hefte»

Preguntas de Wolfgang Weirauch a Müller y Etschewit

En esta conversación hablo con Müller, el espíritu doméstico del molino de agua. En su día, fue un espíritu arbóreo y con su árbol llegó al norte de Alemania, donde una viga del árbol fue empleada en el molino de agua. Müller habla sobre los espíritus domésticos que tienen que abandonar las casas desocupadas y de cómo despedirse de ellos; también mediante el ejemplo de mi vivienda en Flensburgo, donde surgieron todos los *Flensburger Hefte*.

Con Etschewit hablo de algunas etapas personales de mi vida, del impulso comunitario antroposófico en Flensburgo, del origen de los *Flensburger Hefte*, del final de la editorial, y del espíritu de la ciudad de Flensburgo.

Etschewit también habla de cómo los buenos impulsos pueden agotarse, y de cómo Ahrimán se instala con sus poderes destructivos en las esferas interpersonal y social.

Esta conversación tuvo lugar el 19 de julio de 2018

Los espíritus domésticos y el futuro de Müller

W.W.: Buenas Müller. ¿Puede un espíritu doméstico, cuando su casa es demolida, volver a ser un espíritu arbóreo o una entidad pétrea?

Müller: Buenas Wolfgang. ¿Puedo responder ahora o prefieres que Etschewit continúe?

W.W.: Puedes responder si quieres.

Müller: Conozco un poco mejor a los espíritus domésticos que Etschewit.

W.W.: ¿Podrías volver a ser el espíritu arbóreo que ya una vez fuiste?

Müller: En teoría, sí. Una vez fui un árbol. Hay dos posibilidades para los espíritus domésticos: provenir del árbol o de la piedra. Yo provengo de la madera. En realidad, todos los espíritus domésticos de las casas de entramado proceden de la madera. Nosotros, los espíritus domésticos podríamos convertirnos en una especie de gnomos, o en un espíritu arbóreo, o en un espíritu de bosque, pero para ello tendríamos que desprendernos de ciertos ámbitos que entre tanto hemos adquirido en las casas, regalarlos, porque ya no los necesitaríamos más en el bosque o en la piedra.

Desde ese momento estamos sobrecualificados para cierto tipo de tareas —en el bosque o en la piedra—, porque gracias al cuidado de las casas hemos realizado ciertas tareas y adquirido una gran experiencia. Si ocupáramos un lugar en la piedra o en el bosque, también bloquearíamos las llamadas posibilidades de ascensión de otras entidades naturales.

Lucha con las entidades de la degradación

Además, actualmente no hay ninguna necesidad en ese entorno, ya que los humanos estáis construyendo casas masivamente y sin parar. Por supuesto, hay regiones, como actualmente en Siria, donde los espíritus domésticos tienen los mayores problemas. Pero las casas, aunque ahora esas casas estén destruidas o en ruinas, en principio siguen ahí. Precisamente, mucha gente espera poder reconstruirlas. En las regiones en guerra, el espíritu doméstico suele quedarse en el lugar.

Pero cuando llegue la época, y llegará pronto, en que la población mundial vuelva a disminuir, porque se ha ido más allá de los límites de la civilización actual —ya lo estamos viendo—, entonces se producirá una situación en todo el mundo en la que habrá demasiadas casas en las que ya no vivirá nadie.

Tales fases ya se han dado varias veces en la Tierra, por ejemplo, con las llamadas culturas extinguidas. Ese fue el caso de la cultura maya, por ejemplo. Mientras las casas sigan en pie, los espíritus domésticos permanecen en ellas, al menos durante un tiempo, pero cuanto más ruinosas estén las casas, más entidades de la degradación se instalan en ellas, y entonces surge una verdadera batalla. Nosotros, los espíritus domésticos luchamos entonces contra las entidades de la degradación.

Cuanto más fuertes se hacen las entidades de la degradación, más débiles nos volvemos los espíritus domésticos.

Normalmente, los espíritus domésticos en algún momento se mudan y buscan una nueva casa. Pero si va a haber menos casas nuevas porque la población disminuya en número total y apenas se construyan nuevas casas, hay dos posibilidades: o bien los espíritus domésticos desechan la forma y las facultades de los espíritus domésticos, para transformarse y volver de nuevo a la madera o la piedra, o bien emigran, porque probablemente haya más casas en otro lugar, en otra parte del mundo. Por supuesto, siempre se seguirán construyendo casas, pero probablemente en menor número; en ese sentido, existe la posibilidad de que algunos espíritus domésticos se muden a una nueva casa, pero no todos.

La remodelación de la Tierra

Entonces también podemos asumir otras tareas diferentes, incorporando, o comenzando a incorporar gradualmente, en el cuerpo de la Tierra las cualidades que hemos aprendido de los seres humanos, conviviendo con ellos.

El más elevado de todos los espíritus domésticos es un ángel. Nosotros, los espíritus domésticos y los espíritus de los templos, estamos preparando en la Tierra lo que vosotros llamáis la Nueva Jerusalén. Podemos hacerlo porque hemos entrado en contacto con el espíritu, es decir, con los seres humanos. Por supuesto, también hay mucho espíritu en la naturaleza, pero este espíritu no es consciente de sí mismo. Vosotros, los humanos, ponéis el espíritu en contacto con la materia, y eso lo hemos vivenciado como espíritus domésticos durante nuestra vida común con las personas en las casas. La Tierra necesita esa capacidad para volverse cristalina, para poder dar forma a la transformación en la Nueva Jerusalén. Siempre lo llamáis Nueva Jerusalén, aunque ese término me parece absolutamente descabellado. Pero se ha normalizado. Por eso lo utilizo aquí ahora. Ese trabajo es algo muy futuro, y para el que hay milenios de labor.

Así que tenemos, en un caso semejante, la capacidad de elegir, y en vosotros los humanos hemos olido la libertad. La libertad os rodea como un perfume suprasensible. Así que tenemos la opción de volver al bosque o a la piedra, o de poner la materia en contacto con el espíritu.

W.W.: Supongamos que en un futuro próximo se te presentara una tarea de este tipo... ¿Te resultaría emocionante?

Müller: ¡Por supuesto! No me da miedo.

W.W.: Pero tú no has aprendido esa tarea, mientras que la otra posible tarea futura, en un árbol, ya la conoces.

Müller: Definitivamente, asumiré tal tarea en la remodelación de la Tierra, y entre los espíritus domésticos también soy uno de los que se incluirán en la enseñanza de esas tareas, ya que he aprendido mucho aquí en el molino en relación con las personas, y con todas las conversaciones mantenidas aquí. Precisamente, he aprendido y percibido muchas cosas con las personas más diversas, es decir, con los residentes en el molino, contigo y con algunas otras personas.

Más allá de eso, he vivenciado a Etschewit, como una entidad muy grande, y además en mi casa, focalizado en mi casa. He vivenciado al Grande aquí; también a bastantes otras entidades, como el Grande de la Sal, el Grande de Kali, y a todas las demás entidades. Yo he acogido aquí a estas entidades, al menos durante las charlas, y precisamente estos seres me han enseñado con sus habilidades especiales. Me han mostrado que un día, cuando este molino deje de serlo, asumiré una nueva tarea.

Estoy entusiasmado con este nuevo trabajo, pero todavía tardará en empezar. Tardará más de lo que vivas tú.

W.W.: Cuando Verena y Friedrich se vayan de aquí, del molino, ¿tú te quedarás?

Müller: Eso dependerá de los sucesores. Cuando los dos mayores y sus hijos se muden, probablemente se lo pasaré a otro buen espíritu doméstico y yo, como «el molinero» [8], me iré de aquí. Pero tal vez ocurra algo totalmente distinto en el molino. solo el tiempo lo dirá.

El final de mi vivienda en Flensburgo

W.W.: El año que viene me mudaré de mi vivienda en Flensburgo, donde habré vivido durante 36 años. Esa vivienda será probablemente renovada y dividida en otras dos. ¿Cómo puedo preparar a mi espíritu doméstico para ello.

Müller: Díselo, díselo una y otra vez. Eso es muy importante. Háblale de

---

8   La traducción literal de Müller es «molinero». (N. del T.).

tu tristeza y dale las gracias de vez en cuando. Ya lo haces de todos modos, pero —como con todos vosotros—, podrías hacerlo incluso más a menudo. Los humanos podríais llevar el agradecimiento con mucha mayor naturalidad; también es el caso de las personas aquí, en el molino. Los animales saben hacerlo más fácilmente, aunque los humanos no os deis cuenta. Los animales dan las gracias a su manera. Podrías considerar que el espíritu de tu vivienda, o el espíritu de la casa, se mude contigo.

W.W.: Pero en el lugar al que me traslado ya hay un espíritu de la casa y un espíritu de la vivienda. ¿Es apropiado llevarlo allí?

Müller: Tendrías que tantear un poco al espíritu de la casa de tu futura vivienda. Allí hay un espíritu de la casa y un espíritu de la vivienda, y en esa casa viven efectivamente diferentes partes. El espíritu de tu vivienda actual es algo mayor, en parte por la sala de la Sociedad Antroposófica, en la que una vez tuvo lugar una iniciación. Sin embargo, el espíritu de tu vivienda es tan poderoso que podría echar fácilmente al espíritu doméstico de tu futura vivienda. Tu espíritu de la casa se queda en Flensburgo y se despide de ti. Pero el espíritu de tu vivienda podría moverse. Si quieres que se mude contigo, tienes que aclararlo con los demás.

W.W.: No sé si eso sería correcto.

Müller: Esa es tu decisión. Nosotros procedemos con la rectitud de forma diferente, somos mucho más fatalistas. Si decides llevarte a tu espíritu de la vivienda, el espíritu de la vivienda de tu futuro hogar lo aceptará y buscará una nueva vivienda. Puedes hacerlo, y también puedes decir que no está bien. Eso pertenece a la decisión de las personas.

El espíritu de la vivienda de los «Flensburger Hefte»

W.W.: En la vivienda de Flensburgo hay muchas huellas etéreas, allí se ha realizado mucho trabajo antroposófico: 15 años de reuniones de la Sociedad Antroposófica y muchos más cursos antroposóficos. Además todos los *Flensburger Hefte* surgieron en esa vivienda. ¿Cómo ha moldeado eso al espíritu de la vivienda?

Müller: Lo ha moldeado mucho: es diferente a otros espíritus de viviendas. Es un espíritu de la vivienda *Flensburger Hefte*. Forma parte de esa editorial. Así que, si te lo llevas a tu nuevo piso, también te llevas una parte de la editorial. Y aquí hay una pregunta para ti: ¿Quieres eso?

¿O también quieres despedirte y dejarlo libre? Esa es otra pregunta más que tienes que responder. Los *Flensburger Hefte* están unidos a él, a él también está unida tu historia de los últimos 36 años, y si te lo llevas, te llevas también esa parte de tu historia. Si no te llevas el espíritu de la vivienda contigo, te es más fácil dejar ciertas partes de tu historia en el pasado. Lo que en tu alma tienes, te lo llevas de todas formas, pero lo que tienes impreso en forma etérea en tu casa, se quedará atrás si no te llevas al espíritu de la vivienda.

W.W.: ¿Qué me aconsejarías?

Müller: ¿Debo yo aconsejar algo a una persona? Yo me despediría de él. Puedes ofrendarle un bello sahumerio para despedirte, y puedes decirle que con el humo también una parte de él ascenderá al mundo etéreo. También puedes narrarle algo o puedes recitar un poema para él. Puedes decírselo con palabras improvisadas: que quieres despedirte del ambiente de los *Flensburger Hefte* y de la Sociedad Antroposófica, etc.

Los «Flensburger Hefte» y la ciudad de Flensburgo

W.W.: ¿Cómo han moldeado los *Flensburger Hefte* a la ciudad de Flensburgo?

Müller: Los *Flensburger Hefte* también son una revista fronteriza en cuanto a su contenido, pues Flensburgo es una ciudad fronteriza. También se da en Flensburgo una extraña cultura del ron, y un poco de esa aura está también en tus *Flensburger Hefte*, aunque haya que buscarla. En Flensburgo sigue existiendo una cultura del ron oculta, que no es tan evidente porque precisamente, por parte de la ciudad, no es utilizada correctamente para el turismo.

El espíritu de la ciudad ha podido vivenciar a través de los *Flensburger Hefte*, aunque la mayor parte no fuesen imprimidos localmente en Flensburgo, que a través de ellos han sido recogidas nuevas realidades.

Ese es un proceso mucho más importante para las entidades espirituales de lo que podáis imaginaros.

Ya hemos hablado aquí de que también hay una línea desde el descubrimiento de la imprenta hasta vuestros *Flensburger Hefte*. En general, es muy importante que las realidades espirituales puedan ponerse en palabras, para que la gente pueda percibirlas. Toda impresión de libros es también un proceso de sellado. En realidad todo libro tiene un sello. Para el espíritu de la ciudad de Flensburgo ha sido muy importante observar la creación de los casi 240 números de vuestra editorial, el almacenamiento y la venta de más de un millón de ellos en todo el período.

W.W.: Yo podría haber fundado solamente una publicación periódica, diaria o mensual...

Müller: No, tú entendiste algo desde el principio, a saber, que el lugar de Flensburgo era muy importante para tu obra. La mayoría de las revistas antroposóficas no se llaman, por ejemplo, *Noticias de Dornach* o *Comunicaciones de Stuttgart* [9], sino que tienen otros nombres generales. Pero tú llamaste a tus libros *Flensburger Hefte* y con ello te asociaste conscientemente a la ciudad de Flensburgo.

W.W.: Todo el mundo que lee un *Flensburger Heft* establece al menos una pequeña conexión con la ciudad de Flensburgo.

Müller: Sí, pero el lugar también te ha dado algo. Hiciste los *Flensburger Hefte* de esta forma porque eres un habitante de Flensburgo. No debes entenderlo —tampoco lo haces—, en clave de patriotismo local, sino que se trata de la especial ubicación de la ciudad en el fiordo de Flensburgo, donde las aguas del mar Báltico se adentran tanto en la tierra, y el mar del Norte tampoco queda muy lejos. Al mismo tiempo, Escandinavia está muy cerca, Flensburgo perteneció a Dinamarca durante varios cientos de años, y en esa medida vive en Flensburgo un espíritu nórdico. Y el espíritu siempre viene del norte, siempre se vierte en ella desde el norte.

Flensburgo también tuvo un papel importante durante un breve tiempo, al final de la Segunda Guerra Mundial, aunque de forma repugnante y ajena a su ser, porque casi todos los peces gordos nazis se trasladaron a Flensburgo: uno de los caminos de ratas conducía precisamente allí.

Así mismo en Flensburgo hay mucho de escandinavo, también desde la época vikinga; no en vano, Flensburgo fue durante mucho tiempo el mayor puerto de Dinamarca. Así que allí vive una forma algo diferente de tratar con el espíritu, también un poco de chamanismo. Y todo esto fluyó a través de Flensburgo.

Cambios en la ciudad de Flensburgo

W.W.: ¿Influye también en la ciudad el hecho de que ahora pongamos fin a los *Flensburger Hefte*, que lo veamos como si nuestro trabajo ya está concluido?

9   «Dornacher Nachrichten» y «Stuttgarter Mitteilungen» (N. del T.).

Müller: Sin duda. La ciudad está cambiando y seguirá cambiando.

W.W.: Lo he notado desde hace unos dos años: cada vez más refugiados, cada vez más delincuencia, una alcaldesa muy cuestionable y ansiosa de carrera, que quiere hacer de Flensburgo por todos los medios una gran ciudad, y mucho más. En general, llevo dos años experimentando un fuerte y malsano cambio en la ciudad.

Müller: Se puede ver un cierto paralelo, aunque no todo esté conectado, por supuesto. Pero desde hace unos dos años, el vínculo entre la ciudad y vuestra editorial ya no se da como antes, la ciudad se ha apartado de vosotros, por así decirlo. Por supuesto, tú no eres la persona decisiva que cambió esta ciudad, pero el hecho de que ahora lo dejéis tampoco debe ser subestimado, porque hasta cierto punto habéis moldeado la ciudad de una manera muy positiva. Ahora lo ponéis fin, y Flensburgo desarrolla, precisamente ahora una cierta megalomanía.

El almacén y los libros

W.W.: ¿Cómo debo comportarme con nuestro almacén, donde se guardan más de cien mil libros? Allí también hay un espíritu del almacén...

Müller: Dale las gracias y despídete de él. Eso no es lo más importante. No está tan despierto como, por ejemplo, el espíritu de tu vivienda.

W.W.: ¿Qué hacemos con los libros restantes que ya no podemos vender y tenemos que tirar?

Müller: No deberían quemarse de ninguna forma. Que se conviertan en papel de deshecho no está mal. Por supuesto, hay que tener conciencia de lo que está impreso en ese papel, y cuando ese papel se convierta en papel de desecho, un cierta tintura de tus libros se extenderá con él; ese papel está «espiritualmente infestado», por así decirlo.

W.W.: Eso suena muy negativo. ¿Quieres decir que tiene impronta espiritual?

Müller: Por un lado. Pero aquí las personas no deberíais ser demasiado eufóricas, porque el espíritu no solo tiene lados positivos, sino también destructivos. Pero eso no se refiere necesariamente al contenido de tus libros. Los espíritus de las casas a menudo experimentamos el espíritu también como problemático en ellas, concretamente en forma de no-espíritu, a través de las personas. La materia que se ha entregado a un no-espíritu siempre conserva algo de ese no-espíritu.

El espíritu de los «Flensburger Hefte»

W.W.: Me gustaría saber algo más sobre el espíritu de la editorial Flensburger Hefte. ¿Qué entidad espiritual se ha ligado con la editorial?

Etschewit: Un arcángel. Por supuesto, no un arcángel como Gabriel, Miguel y los demás, sino una entidad que ha tejido un manto protector alrededor de vuestra editorial y de vuestro obrar, una protección que ha hecho posible que el espíritu local pueda fluir a vuestra obra. Es una protección que también os ha preservado de ser pisoteados por las entidades ahrimánicas. Por eso era necesario un ángel más poderoso; a vosotros os gusta llamarlos arcángeles. Los llamados espíritus del tiempo, como Gabriel, Miguel, Samael, etc., son entidades espirituales que han asumido las tareas del nivel de los principados.

W.W.: Pocas veces hemos hablado del espíritu de la editorial Flensburger Hefte. ¿Puedes decir algunas palabras más sobre él?

Etschewit: Ha tenido bastante que hacer, y aquí en el molino no habéis hablado con él. Tampoco quería hablar con vosotros a toda costa, de lo contrario, os lo habría hecho saber por su parte. Ha protegido a los *Flensburger Hefte*, se ha ocupado de las tareas de la editorial y de sus contenidos, y ha estado presente en todas las decisiones hasta la impresión. También ha estado siempre presente cuando escogías a las personas para tus entrevistas; a muchos los motivaba, a otros los bloqueaba. Ha tenido mucho que ver en ello.

W.W.: ¿Y qué será de él ahora?

Etschewit: Durante un tiempo todavía tendrá quehacer con la liquidación de la editorial. La editorial también tiene que ser liquidada espiritualmente o, mejor dicho, tiene que seguir siendo administrada. Eso es de lo que se ocupa vuestro espíritu editorial. Por eso sería bueno que, en muchas de las acciones y decisiones, le pidieras siempre que se involucre. Así le harías un gran favor, pero no solo a él sino a ti mismo. Y en algún momento se buscará una nueva tarea; eso no será difícil. Debido a que en este momento tantas personas están encarnadas en la Tierra, tenemos realmente una cierta emergencia en el mundo espiritual, con el cuidado de las personas y sus tareas, pues muchas de las entidades espirituales están cuidando de varias iniciativas.

W.W.: Pero seguirá habiendo *Flensburger Hefte* durante mucho tiempo: Verena y Friedrich siguen vivos, Judith sigue viva, yo sigo vivo, otros siguen vivos, y también muchos libros se seguirán vendiendo durante cierto tiempo y se conservarán durante muchos años. Por eso este espíritu no podrá desprenderse completamente de la editorial, ¿o sí?

Etschewit: Sí, puede. Aunque más tarde la gente siga leyendo los *Flensburger Hefte*, este espíritu ya no estará allí; entonces vendrá otro espíritu, aunque no una entidad tan grande como la de la editorial. Pues entonces tendría que estar la mayor parte del tiempo esperando hasta que en algún momento otra persona lea un *Flensburger Heft*. Aunque eso suceda muy a menudo, de esa manera la tarea no estaría realizada. De ello se encargarán entonces las entidades más pequeñas de los *Flensburger Hefte*. Sin embargo, lo que finalmente os pueda ocurrir a él y a vosotros sigue todavía abierto.

W.W.: ¿Debo despedirme en algún momento de este espíritu de la editorial?

Etschewit: Él está atento de dos aspectos: por un lado, del tranquilo almacén; por otro, de ti en la vivienda. Dale las gracias, despídete de él. No desaparecerá el 31 de diciembre de 2018, cuando legalmente se liquide vuestra empresa. Permanecerá todavía un tiempo con vosotros y en el entorno de los *Flensburger Hefte*. Realmente acompañará la disolución hasta el final. Cuando de verdad hayas llegado interiormente a tu nuevo hogar, entonces podrás despedirte de él.

¿Responsabilidad por las repercusiones de los «Flensburger Hefte»?

W.W.: Cuando vuelvo la vista atrás hacia los 36 años de la editorial Flensburger Hefte, entonces veo que he publicado más de 200 libros y que he escrito yo mismo al menos la mitad de los *Flensburger Hefte*; pero no me queda muy claro qué temas he tocado en todos, a qué personas he ofendido con temas en parte políticos, pero también con otros temas antroposóficos, a qué personas he ayudado, etcétera...

Etschewit: ...yo sí que puedo verlo.

W.W.: Con mis libros he tomado una responsabilidad de la que no puedo hacer un seguimiento, porque no sé quién se ha inspirado en los libros y como resultado, qué ha cambiado en las personas. De alguna manera se ha iniciado algo que no se puede supervisar. ¿Cómo se ha desarrollado eso?

Etschewit: Habéis estimulado muchas cosas, aunque no cargáis realmente con la responsabilidad: eso no podía ser así. Tú has realizado muchas cosas; nosotros desde el mundo espiritual también te hemos impulsado y

—como ya se ha dicho—, también hemos preparado muchas cosas durante mucho tiempo para que estas publicaciones fueran posibles. Por eso no os dejamos solos con la responsabilidad. Nosotros, desde el mundo espiritual, también asumimos la responsabilidad, precisamente, de muchas cosas que has desencadenado; y esto se ha acordado con algunas entidades espirituales, con vuestros ángeles de la guarda y también con vuestro yo superior. Esto también atañe a las responsabilidades kármicas de largo alcance. Sería absurdo que publicaras un libro que muchas personas leyeran, que con ello sus vidas cambiaran y que tuvieras que cargar con la responsabilidad de ello.

Si, por ejemplo, una mujer lee uno de tus libros, como ha ocurrido, y realiza, en Sudáfrica, un cambio en su forma de tratar a la gente y, sobre todo, al agua, entonces tú te liberas de las conexiones kármicas.

W.W.: Es extraño: Uno escribe libros, los publica, la gente los lee y, si es necesario, cambian su vida.

Etschewit: Así son las interrelaciones. Ese es uno de los fenómenos marginales cuando se es un transformador del mundo. Se podría decir de todos los transformadores del mundo: Una persona grande experimenta cosas grandes dentro de sus propias cuatro paredes.

Sin oponente, no hay preguntas

W.W.: En mi vida, la mayoría de las decisiones importantes no surgieron de mí mismo, sino que fueron iniciadas por los llamados opositores o enemigos míos. Así fue el caso de mi examen de madurez, de los *Flensburger Hefte*, del curso a distancia de pedagogía Waldorf y de muchas otras cosas. ¿Cómo puede suceder algo así?

Etschewit: Eso es bastante sencillo con relación a ti. Ya he dicho que Verena es la respuesta y tú eres la pregunta. Toda tu vida está dispuesta de tal forma que siempre has tenido que plantear primero una pregunta a las personas o al mundo. Y solo podías formular esa pregunta cuando te enfrentabas a una resistencia. Esa es la función de la pregunta en ti. Sin tus enemigos —como los llamas—, no habrías planteado ninguna pregunta. Sin la resistencia en tu entorno, y en el mundo, tampoco habrías planteado las preguntas. Aunque la cuestión posterior solo fuese cómo te han tratado los demás.

También los *Flensburger Hefte* estaban ya al principio, pero el verdadero comienzo con los libros se produjo cuando una compañera tuya se separó de ti. Aquello dio lugar por tu parte a un gran catálogo de preguntas sobre ciertos problemas de las relaciones y de su trasfondo antroposófico. Hiciste que un sacerdote te respondiera a esas preguntas, y eso te impulsó de forma que decidiste publicarlo como libro, y ponerlo a disposición de otras personas. De ahí surgió vuestra editorial, y de esas preguntas hiciste tu más exitoso *Flensburger Heft*: *Pareja y matrimonio*.

Planteaste preguntas sobre el porqué, y con la publicación de ese *Flensburger Heft* comenzó a interesarse un círculo muy amplio de personas por los *Flensburger Hefte*, especialmente por el tema de la pareja y el matrimonio. Eso lo iniciaste tú con tus preguntas. Y el primer impulso —antes de eso—, para los *Flensburger Hefte* fue que tuvieses que separarte de la escuela Waldorf de Flensburgo, que fue fundada principalmente por ti. Entonces se te asignaron los *Flensburger Hefte*; en principio ni siquiera fue tu propia decisión. Pero luego tú aportaste las preguntas.

Guiado por el destino

W.W.: Ya al final de mi escolaridad, cuando era delegado de alumnos y no quería hacer el examen de madurez porque no lo necesitaba en ese momento, el mayor «oponente» de entre los profesores se me acercó, o anduvo unos metros detrás de mí camino a la escuela, y me dijo solo un par de frases: Que debía repetir el curso y que podría aprobar el examen al año siguiente sin ningún esfuerzo. Esa fue la única razón por la que hice el examen de madurez. De lo contrario, no habría obtenido el certificado de madurez, y no habría podido ser profesor de escuela media.

Etschewit: Esa es la guía del destino. Las potencias directoras del destino se encargan de que la persona adecuada diga lo correcto en el momento adecuado.

W.W.: Pero eso también me lo habían dicho otros, y nunca les había hecho caso. Sin embargo, mi mayor «oponente» lo dijo, e hice lo que me sugirió. ¿Por qué?

Etschewit: Porque siempre despiertas frente a las fuerzas negativas del mundo, porque necesitas la oposición. Eso está entretejido en tu encarnación. Necesitas de las fuerzas negativas para despertar. En relación con las fuerzas positivas te da por adormecerte.

El impulso comunitario de Flensburgo

W.W.: El impulso original en Flensburgo en los años 70 y 80 del siglo pasado fue el haber iniciado yo que en una ciudad se viviese palpablemente un impulso comunitario antroposófico. Es decir, que no todas las instituciones antroposóficas —como era habitual en aquella época—, se pelearan o se distanciaran entre sí, sino que la gente trabajara junta sobre la base de la antroposofía. Este fue también el espíritu fundacional de los *Flensburger Hefte*. Iniciamos y vivimos eso con éxito durante unos años, pero después de siete años aproximadamente, ese impulso murió por completo en Flensburgo. ¿De qué forma fue malo eso?

Etschewit: Eso fue un germen. Esos impulsos se extendieron por toda la escena antroposófica y ahora son ineludibles. A menudo, en vuestra vida humana se planta el germen de algo que luego no se desarrolla en el lugar correspondiente, pero que desarrolla su efecto en otro lugar.

De alguna manera, también es gracioso que tal impulso desapareciera en el lugar de origen, aunque eso sea difícil de entender ahora. Cuando un determinado grupo de personas se encarna en un lugar, y elabora un determinado impulso orientado hacia el futuro, siempre llega la fase —así es en la historia de la humanidad—, en que estos impulsos se esclerotizan o incluso se petrifican. Cuando todo es rígido, el impulso ya no vive entre esas paredes. Así es en todo el mundo con casi todos los impulsos. Pero eso sigue siendo soportable. Sin embargo, para las entidades locales correspondientes, la solidificación de un impulso espiritual es algo muy malo. En la naturaleza tales solidificaciones no pueden vivir, y así surge un proceso de degradación. Eso es similar en lo anímico-espiritual o en la vida comunitaria entre los seres humanos.

Tales lugares de impulso tienen entonces la tarea de que algunos de los impulsores se alejen de la ciudad, y desarrollen nuevos impulsos en otros entornos; lo cual fue el caso de no pocos habitantes de Flensburgo. Pero de hecho, el impulso original está muerto. Sin embargo, a través de eso se ha impedido, precisamente, una petrificación.

El contraimpulso viene de Ahrimán

La disputa que también surgió entre vosotros fue impulsada por Ahrimán. El impulso comunitario se degradó, o fue abandonado, por un número cada vez mayor de personas. Y cuanto más ocurría esto, más conflictos podía desarrollar Ahrimán, pues siempre comienza por lo social, en lo interpersonal. Se trataba entonces de la fase en la que, tras el impulso original, surge un contraimpulso. Ese contraimpulso viene de Ahrimán. Ese es su trabajo. Eso es lo que tiene que hacer. Y lo hace bien. Pero con ello surge un vacío, y los vacíos siempre se llenan, sobre todo de espíritus malignos.

No tiene por qué llenarse, como ocurre actualmente en Flensburgo, de la megalomanía palpable que vive actualmente entre vosotros en el gobierno de la ciudad, y en algunos de sus partidos. Sin embargo, se puede decir que allí de donde se extrae el espíritu, se instala la megalomanía o, al menos, algo ajeno a la ciudad. Por supuesto, también podría entrar algo positivo. Por supuesto, el impulso actual en Flensburgo también traerá consigo algo más en el futuro; pero eso no debería interesarnos en esta conversación.

W.W.: El impulso comunitario antroposófico que inicié en Flensburgo, es decir, la colaboración sin disputa de todas las instituciones antroposóficas sobre la base de la antroposofía, fracasó después de algunos años allí, pero vive hoy, más o menos en casi todas partes, como algo natural. Sin embargo, la pregunta que me hago es si no deberíamos haber fundado algo totalmente distinto en Flensburgo, y si eso fue lo que fracasó.

Etschewit: Eso es en parte cierto. Fue importante, bueno y correcto que el impulso surgiera en Flensburgo y que se manifestara en otros lugares. Por otro lado, también se podría abordar la cuestión del poder. Si uno vive tu impulso, cada uno tiene que ceder un poco de su poder. Porque si se quiere que las distintas instituciones antroposóficas trabajen juntas sobre la base de la antroposofía, entonces ya no hay uno que decida, sino que todos tienen que actuar juntos, lo que significa que cada uno tiene que renunciar un poco a su propio poder en su propia casa. Y el poder que se entrega va a Ahrimán. Así, Ahrimán obtiene un aumento de poder. Suena un poco extraño, pero es así. Ahrimán siempre quiere tener poder.

W.W.: Pero se puede renunciar a una parte del propio poder. Entonces, ¿por qué la parte de la renuncia va a Ahrimán?

Etschewit: Porque en vuestro caso la renuncia fue puesta en el mundo por un impulso ligeramente eufórico, ligeramente luciferino. Y en esa medida, esa renuncia no estaba totalmente formada. Por eso hablé de la renuncia al poder que va a Ahrimán.

W.W.: ¿Una renuncia consciente y conscientemente pensada no iría entonces a Ahrimán?

Etschewit: No. Pero vosotros no erais tan conscientes en vuestra juventud. Os faltaba una panorámica completa de vuestra renuncia. Simplemente os fascinó el tema. Y eso, así, fue correcto y bueno. Aunque tenía un toque ligeramente luciferino, a pesar de todo lo correcto. El poder abandonado de las personas individuales, en cada una de las instituciones, fue succionado por Ahrimán. Ahrimán, y sus diversos y numerosísimos espíritus, merodean por todas partes para ver si, en algún momento, pueden succionar el poder de la gente. En Flensburgo les llegó algo de poder, porque vosotros fuisteis un tanto demasiado eufóricos en vuestra juventud, aunque fuese con un impulso absolutamente correcto. No podía ser posible de otra forma. Como resultado, han surgido algunas buenas instituciones. Y como los impulsos eran tan avanzados y sobresalientes, el contragolpe también fue bastante claro. Ese contragolpe se dirigió a las relaciones sociales interpersonales, y destruyó mucho. En realidad, sucedió que, a causa del matiz demasiado fuerte de carácter luciferino, la propia luminosidad del impulso estaba dispuesta desde el principio de tal forma, que el contragolpe ya estaba integrado en él. Pero vosotros no habríais sido capaces de verlo desde vuestro punto de vista humano. Porque se necesita un tiempo para que algo así se desarrolle. Ahrimán puede ser extremadamente paciente. Planta su semilla y espera.

Algunas personas de vuestro círculo, y también más tarde de la escena política, dejaron Flensburgo y se convirtieron en directores de otras instituciones antroposóficas y no antroposóficas. Eso también está re-lacionado con el espíritu del norte, con Flensburgo y con los impulsos allí iniciados. Todas esas fueron personas que participaron en la acción. Todas tomaron un impulso de Thor. Todo lo que has mencionado tiene mucho que ver con Flensburgo, el lugar en la confluencia entre la tierra firme y el agua, entre el norte y el sur, entre Alemania y Escandinavia. Flensburgo también tiene una impronta muy danesa, y todos estos impulsos del agua, de lo escandinavo y del norte fluyen hacia esa ciudad.

W.W.: ¿Así que nosotros, los que iniciamos y elaboramos este impulso en aquella época, decidimos conscientemente encarnarnos en Flensburgo, o trasladarnos a Flensburgo cuando éramos jóvenes?

Etschewit: Así es. Eso lo ayudaron a decidir vuestro sí-mismo superior y vuestro ángel. Cada vez será más común en la humanidad que las personas, precisamente, preparen una encarnación por razones geográficas, y se trasladen a esa región, o se encarnen allí por los impulsos de la respectiva región.

Donde hay poder, se encuentra Ahrimán

W.W.: Sin embargo, me parece trágico que todos nos hayamos dividido más o menos tras el final de este impulso, aunque haya habido diversas reconciliaciones y una nueva cooperación.

Etschewit: A mí no me parecería trágico. Era necesario. El eco del mundo ahrimánico era muy fuerte. Además, está entretejido fatalmente en la antroposofía que muchas cosas fallen en la esfera social. Pero eso no tiene nada que ver con Flensburgo, lo vivencias en todas partes. Siempre ocurre algo así cuando se hace con el poder gente que no está capacitada para ello, y entonces falla el buen impulso inicial. Donde el poder se halla, Ahrimán siempre se sienta en el hombro. A menudo ocurre que las personas no quieren ser poderosas en el sentido clásico, sino que les precede un impulso, pero igualmente Ahrimán está sobre el hombro. Así es el mundo. Esta época es la época de Ahrimán. Eso no se puede cambiar por el momento. Él tiene el poder. Tiene el 100 % del poder. Sin embargo, también existe el Dios Padre, el origen de todo ser, que también tiene el 100 % del poder. El acceso a este poder es siempre completo.

Dios y el Diablo están en los detalles

W.W.: También es curioso cuando se considera, por ejemplo, a otras tres personas de Flensburgo que también han obrado en los alrededores de la antroposofía. Por un lado, está Hugo Eckener, el sucesor del conde Zeppelin, que voló con un dirigible hasta América, que fue copropietario del *Flensburger Tageblatt*, donde más tarde mi tío fue también jefe de la sección de política. De la parentela de Hugo Eckener surgieron personas decisivas en la Sociedad Antroposófica y en la Comunidad de Cristianos de Flensburgo.

Igualmente Beate Uhse, que también llevó a sus hijos en la Escuela Waldorf, y cuyo marido también estuvo con nosotros en la Sociedad Antroposófica.

Y a continuación, el pintor Fritz Hensel, que conocía bien a mis padres, a quien también visité varias veces de niño, y que era una persona muy terrible. Era un nazi absoluto, y sus dos hermanas estaban casadas con jerarcas nazis, entre ellos Rudolf Höß, el comandante de Auschwitz. Este Fritz Hensel no solo era amigo de mis padres, sino que también estaba en la Comunidad de Cristianos.

Tres tipos muy diferentes de personas que precisamente vivieron en Flensburgo, al menos temporalmente, y que también tuvieron un contacto más o menos ligero con los entornos antroposóficos.

Etschewit: Es más llamativo cuantos más detalles descubres de las diferentes relaciones y corrientes del destino. En ellos te darás cuenta de que el obrar de los seres espirituales llega en los hechos hasta los detalles. A Dios y al Diablo los encuentra uno en los detalles.

El espíritu ahora viene del noreste

La ciudad de Flensburgo también tiene un espíritu de ciudad. Y este ser, como todas las entidades, también tiene un cierto anhelo de tranquilidad. Un hombre famoso dijo una vez: «En todo lo que duerme hay una tendencia a despertar». Eso es cierto, pero también lo es lo contrario: en todo lo que se despierta existe también la tendencia de volver a reposar. De esta forma Flensburgo ha producido, o temporalmente albergado, a algunas personas importantes y espirituales que precisamente han tenido un fuerte impacto en el público, por lo que el espíritu de la ciudad a veces tiene el deseo de que eso no tenga que continuar necesariamente así. El periodo más destacado aquí fue sobre todo mayo de 1945, cuando de todas partes decenas de miles de soldados y nazis confluyeron a Flensburgo, desde el agua, desde el sur y desde el norte, y allí durante un tiempo tuvieron la mayoría de las veces un efecto muy malsano.

Y ahora Dinamarca está construyendo un muro entre Alemania y Dinamarca para que los jabalís no corran hacia Dinamarca. Así que el norte quiere mantener su espíritu para sí mismo; ese es un juego de poder muy malsano. Habría que mirar más a Finlandia, a los países bálticos y también un poco a Rusia, porque allí vive el espíritu que también será necesario en el futuro. Así que también podemos volvernos hacia esta dirección noreste. La gente de allí necesita mucho espíritu, porque allí lo tienen muy difícil, también por las antiguas condiciones del socialismo.

Especialmente los jefes de estado de varios países del este son extremadamente problemáticos, desde Lukashenko hasta Putin y Erdogan. Así que ahora el espíritu ya no viene con tanta fuerza del norte, es decir, de Escandinavia, sino de la dirección del noreste; lo que se puede reconocer como característica externa en el pequeño símbolo del muro para jabalíes entre Alemania y Dinamarca.

W.W.: Una pena.

Etschewit: Sí, pero antes lo vivenciaste de forma diferente. Puedo entender que lo encuentres triste. Pero en este momento es así, que incluso el mundo espiritual está bajo estrés porque mucha gente vive en la Tierra, con lo que surgen tendencias que podrían haber sido diferentes y mejores. En un futuro próximo —no desde vuestro punto de vista humano, sino desde nuestro punto de vista espiritual—, el número de personas en la Tierra también volverá a ser mucho menor; y entonces serán posibles otra vez muchas más y nuevas cosas.

W.W.: Gracias.

Etschewit y Müller: De nada.

Retrospectiva sobre la editorial Flensburger Hefte

Preguntas de Wolfgang Weirauch a Etschewit

Esta conversación tuvo lugar poco antes del final de la editorial Flensburger Hefte, y en ella repaso con Etschewit algunas de las etapas de mi vida que llevaron a la fundación de la editorial.

Esta conversación tuvo lugar el 24 de enero de 2019

Introducción al fin de la editorial

Wolfgang Weirauch: Dejaremos de vender los *Flensburger Hefte* a finales de marzo de 2019, vaciaremos el almacén a fines de abril, y los locales de la editorial en Flensburgo al final de mayo.

Volviendo la mirada hacia atrás, veo las cosas así: siempre tuve una muy buena conexión con el ángel de nuestra editorial. A pesar de muchas crisis, siempre recibimos ayuda, entre otras cosas, con pequeñas inyecciones de dinero, con diversos contactos humanos, etc. El trabajo fue siempre duro, pero lleno de sentido y exitoso. Aunque desde aproximadamente 2016, cada vez más a menudo sentía como si el contacto con el ángel de la editorial ya no se notara, lo que no entendía en absoluto, porque tampoco quería detenerme. Sin embargo, a posteriori —ahora que hemos terminado 2018 con tanto éxito—, parece que esta niebla en relación con el contacto tenía sentido, incluso el desplome de las ventas en 2016 y sobre todo en 2017, obligándonos a parar. En primer lugar, porque terminó bien, y porque el trabajo de parar es tremendamente enorme y agotador, de forma que seguramente yo no hubiera podido terminar con la editorial unos años más tarde. También porque las ventas de libros seguirán bajando en general en el futuro. Así que, en conjunto, parece extraordinariamente sensato considerándolo en retrospectiva. ¿Puedes explicar estas relaciones?

Etschewit: Perdona mi palabra franca: eres un perro duro y testarudo, y por eso necesitabas este amortiguador. En general, el ser-editorial en el mundo de habla alemana, o más bien la venta de libros, está disminuyendo fuertemente y lo hará aún más. La venta de libros de vuestra editorial siguió siendo bastante buena en los últimos años. Además, ya no tienes 35 años y tu fuerza física se ha visto muy mermada en los últimos años, en los que has tenido que hacer muchas cosas por tu cuenta. Tampoco hay que subestimar el trabajo físico.

Nosotros, desde el mundo espiritual, queríamos que todo en vuestra editorial se redondeara una vez más, a finales de 2018 o ahora. Por eso solo se podía hablar contigo por las malas. En ese sentido, hay que decir que tu contacto con el ángel de la editorial no estaba roto en absoluto, sino que tuvimos que frenarte un poco, desmotivarte, para que dieras los pasos adecuados para concluir con la editorial.

W.W.: Desde finales de mayo de 2018, hemos anunciado el fin de la editorial, y desde entonces las ventas de los libros han aumentado enormemente, por lo que realmente todo se está redondeando. ¿De qué forma habéis obrado aquí?

Etschewit: Te prometí que acabaría bien. Antes, la gente sabía que los *Flensburger Hefte* siempre estarían ahí, y no se preocupaban más por ellos y a veces incluso descuidaban comprar tal o cual número. Uno siempre sabía que podía pedir los libros en cualquier momento. Al anunciar claramente que os deteníais —y eso lo has hecho bien—, la gente ha tomado conciencia de la cantidad de información de fondo que se hallaba en los cerca de 200 *Flensburger Hefte*. Eso no se refiere en absoluto solo a los libros de espíritus de la naturaleza, sino también a todos los demás *Flensburger Hefte*. Por ese motivo, muchas personas han despertado, han sido conscientes de que probablemente pronto ya no se podría seguir comprando los libros, y por eso han completado sus colecciones. Completaron su enciclopedia, por así decirlo. Por eso las ventas aumentaron tanto en los últimos meses. Hemos obrado de forma que algunas personas han captado esta idea de la enciclopedia, de forma que quisiesen rellenar los huecos de sus colecciones.

«Mitteilungen des Vereins zur Förderung der Waldorfpädagogik Flensburg» [10]

W.W.: Cuando comencé con la fundación de la Escuela Waldorf en Flensburgo, en 1976, hice un plan de siete años hasta su inauguración en 1983, y en esa asociación hice —por supuesto sin estar solo—, casi todo: trabajo en la junta directiva, contacto telefónico, grupos de trabajo, trabajo antroposófico... Pero hubo una cosa que no hice: la elaboración del periódico de la escuela, que algunos colegas iniciaron en 1978. No tenía ningún interés en eso. Cuando los colegas concluyeron cuatro *Waldorf-Mitteilungen*, fracasaron con ese trabajo y entonces yo también asumí la revista, responsabilizándome de su redacción. Me enfrenté a la tarea de escribir artículos, lo cual no era realmente mi intención, aunque en mi vida escolar ya había participado en una revista común para todos los institutos de Flensburgo. Así que, súbitamente, me encontré confrontado al trabajo en las *Waldorf-Mitteilungen*, aunque de forma voluntaria. Pero de la libertad surge inmediatamente la necesidad, y me tocó escribir artículos. ¿Fue solo un acto externo, nacido de la necesidad, porque nadie más quería hacerlo, o en la asunción de las *Waldorf-Mitteilungen* ya se prefiguraban los *Flensburger Hefte*?

Etschewit: Los *Flensburger Hefte* aún no se habían creado en esa época, pero sí tu interés por el periodismo. Ese periodismo está entretejido en tu biografía. En ese sentido, asumir las *Waldorf-Mitteilungen* fue un punto biográfico importante para ti. En ese tiempo también estuviste enfermo; yaciste en cama por una conmoción cerebral. Esa conmoción cerebral fue parte de aquello. Fue necesaria para que te llegara algo que tenía que nacer del descanso. Fue entonces cuando tus habilidades de Marte, es decir, para manejar el lenguaje, nacieron lentamente. En términos modernos, se hablaría del nacimiento de un periodismo de investigación. Esta habilidad entró en ti a través de la conmoción cerebral y comenzó muy primerizamente con esa revista escolar.

Las primeras entrevistas

W.W.: En un momento determinado comencé a hacer entrevistas para la revista de la escuela Waldorf, lo cual era bastante inusual en aquella época y no estaba en absoluto de moda. Todavía recuerdo el momento exacto en que acudí a mi primera entrevista en noviembre de 1981, en medio de la

10 «Comunicaciones de la asociación para el fomento de la pedagogía Waldorf en Flensburgo», o *Waldorf-Mitteilungen* (N. del T.).

niebla, al puerto de Flensburgo, donde estaba atracado un barco de Greenpeace. Me sonaban las palabras de un amigo en el oído: «Si quieres ser un buen entrevistador, tienes que hacer esto y aquello». No recuerdo qué dijo exactamente. Pero sí recuerdo exactamente lo que yo pensaba en ese momento: «Si ahora resulta que me convierto en un buen entrevistador...», aunque en ese momento era casi absurdo que de alguna manera yo pudiera lograr ese objetivo. Pero sentí un poco que podía ir en esa dirección. ¡Y yo lo quería! Incluso recuerdo el lugar exacto donde lo pensé. ¿De qué tipo fue ese momento?

Etschewit: Antes de nacer, al descender a la Tierra, hiciste una especie de gira de la victoria en Marte, y te llevaste contigo las fuerzas de Marte, es decir las fuerzas del lenguaje, más que muchas otras personas, y ellas se trasladaron a ti durante tu conmoción y también durante las conmociones menores que siguieron. La situación que acabas de describir es la adopción de esa capacidad por parte de tu yo, también como un deseo vital. Entendiste y expresaste el deseo de querer realizar entrevistas y presentar diferentes temas a través de las entrevistas. Ser un buen entrevistador se convirtió en un modo de ideal para tu vida. Entonces funcionó.

El inicio de los «Flensburger Hefte»

W.W.: A finales de 1982 mis caminos se separaron de la iniciativa de la Escuela Waldorf. Mientras tanto había desarrollado las *Waldorf-Mitteilungen* mucho más ampliamente, con una parte de contenido gracias a las entrevistas, y una segunda parte en la que podían presentarse todas las iniciativas e instituciones antroposóficas de la zona de Flensburgo. Tanto esta segunda parte como el hecho de que se realizaran entrevistas recibieron bastantes críticas.

Después de nuestra separación hubo, en la Semana Santa de 1983, una reunión de unos 40 jóvenes antropósofos, donde debatimos la idea de una publicación periódica, independiente de la iniciativa por la escuela Waldorf. En realidad, no quería hacerlo, pero un colega mayor, junto al cual había ayudado a crear la escuela Waldorf, me dijo muy enérgicamente que yo podía y debía hacerlo. Eso me sorprendió un poco, porque veía mi tarea más bien en lo oral, es decir, en la disertación de contenidos. Sin embargo, este impulso fue el inicio de los

Flensburger Hefte, aunque los nueve primeros números se siguieron llamando *Mitteilungen Anthroposophischer Einrichtungen im Raum Flensburg*[11]. ¿De qué tipo fue ese momento?

Etschewit: Ese fue un tercer paso. Fue un gesto básico en tu vida que aquellas personas que no estaban tan vinculadas a ti en tu vida dijeran frases importantes que te hicieran entrar en acción. Así que los dos primeros pasos fueron: al inicio, el establecimiento de la habilidad durante la conmoción cerebral; y luego el deseo de convertirte en un buen entrevistador, esto es, la adopción del periodismo por tu yo. Y entonces te dijo tu colega mayor: «Puedes hacerlo». Esa fue la triple sintonía de pensar, sentir y querer. Esas son tres etapas de tu biografía. A partir de ese momento comenzaste con los *Flensburger Hefte*. A menudo son los pequeños pasos o las pequeñas declaraciones las que mueven a una persona a hacer algo. No siempre tiene que sucumbir una ciudad para que suceda algo.

Plan antes del nacimiento

W.W.: Desde 1983 también dirigí la Sociedad Antroposófica en Flensburgo junto con dos señoras mayores, y muy al principio de esa época, una de ellas me contó cómo en su juventud, cuando estaba sentada con un amigo mayor en la Comunidad de Cristianos de Flensburgo, durante el servicio dominical para los niños, yo, como niño, estaba delante del altar. Ese amigo mayor poseía facultades clarividentes y había dicho de mí en ese momento: «Algún día será famoso si encuentra su tarea en torno a los 30 años». ¿Puedes decir algo a propósito? ¿Qué puede ver una persona del destino de un niño pequeño? O ¿qué estaba allí prefigurado, en este caso con relación a mí?

Etschewit: Esa fue la época de tu Rubicón, es decir, alrededor de los 9 años. Ese es el momento en que el niño mismo se sitúa en relación con el mundo. El niño mismo no lo nota, pero lo hace. Los niños no se dan cuenta de que en ese momento se vuelven muy diferentes. Se afronta el mundo como un yo. Uno se da cuenta de que, por un lado, está el mundo, y por otro, el yo. En ese momento, una especie de panorama vital, una especie de plan vital se hace visible para las personas con capacidades clarividentes. Eso no es tan fácil de ver antes, ni tampoco después. Algo ligeramente al inicio de los 7 años, pero más claramente alrededor de

11 «Comunicaciones de organizaciones antroposóficas del entorno de Flensburgo» (N. del T.).

los 9, se hace visible en el aura del niño lo que el ser humano ha planeado antes del nacimiento para la vida por venir. Y quien tiene capacidades clarividentes pueden ver entonces que esa persona, si sigue dando estos y aquellos pasos, logrará ese plan. Por eso aquel hombre dijo que alcanzarías esa meta si adoptabas ese plan hasta una cierta edad. También podía haberse malogrado.

W.W.: ¿Estaba entonces trazado que yo fundaría los *Flensburger Hefte*?

Etschewit: Sí y no. En realidad, lo que recorre tu biografía de principio a fin es la conexión con las fuerzas Wala del norte, y por eso elegiste más tarde el subtítulo «*Conversaciones antroposóficas*» cuando fundaste tu editorial. La conversación era importante para ti. Podría haber sido otra cosa, pero todas las demás posibilidades solo llegaron a ser secundarias, por ejemplo: un seminario para jóvenes, o conferenciante, o una profesión docente de por vida. Esas profesiones también tienen que ver con la conversación, pero no solo. La conversación que deseabas era y es la conversación entre un yo y otro yo. Este intercambio conversacional entre un yo y otro yo, que también está relacionado con las fuerzas del norte, está muy arraigado en ti. Precisamente está relacionado con las fuerzas de Odín.

W.W.: Ahora acabo de recordar que, en el verano de 1979, cuando estaba en la cama con conmoción cerebral y tenía que hacerme cargo de las *Waldorf-Mitteilungen*, leí las sagas germánicas de los dioses, lo que en realidad era completamente inusitado para mí. Además, mis primeros artículos para las *Waldorf-Mitteilungen* eran artículos sobre las estaciones y las fiestas anuales.

Etschewit: Eso encaja con las situaciones vitales que te sucedieron después. El cielo nórdico de los dioses se forma y explica por el intercambio conversacional.

W.W.: En aquella época se reunieron en Flensburgo muchos jóvenes antropósofos, muchos amigos míos, y también otras personas, con quienes fundamos la escuela Waldorf, y otras instituciones antroposóficas en Flensburgo. Muchos de ellos tuvieron un destino común. ¿No podría haber emprendido yo una carrera profesional diferente?

Etschewit: No, y si lo hubieras hecho, habrías llevado una vida profesional bastante insignificante. Por supuesto que vosotros los humanos tenéis libertad. En ese sentido, podría haber sido otra cosa, pero entonces no habrías podido realizar el impulso de conversación, de periodismo, de tratar los temas más diversos y las personas más diversas, que te habías propuesto. Tal vez te hubieras convertido en un no desconocido director de seminarios para jóvenes, que, sin embargo, habrían seguido el curso de otros seminarios al cabo de unos años, es decir, que se habrían extinguido lentamente por sí mismos. Esta posibilidad habría existido, pero no se habría convertido en una biografía que se hubiera desarrollado como la tuya.

Así que te hiciste mucho más conocido en círculos mucho más amplios. Dado que habéis vendido cerca de un millón de libros, debes tener claro que a través de tus libros has influido en más karma de lo que tú siquiera puedas alcanzar a imaginar. El patrón es tan complejo que sobre él habría que mantener una conversación más larga. Habría que hablar de lo que provocan los textos impresos. Ya que estás a punto de hablar con el ángel de la editorial, no quiero inmiscuirme aquí, pues ahora es el momento de hablar con él, ya que se está retirando lentamente para asumir gradualmente nuevas tareas. Aunque todavía se quedará con vosotros por un tiempo.

Participantes

Wolfgang Weirauch

Nacido en Flensburgo (1953), estudió Política y Germanística, así como Teología en la Universidad Libre de la Comunidad de Cristianos.

Editor de los *Flensburger Hefte*, profesor de Política, conferenciante y colaborador en los estudios a distancia de pedagogía Waldorf de Jena.

Verena Staël von Holstein

Nacida en Rendsburgo (1959), estudió Topografía en Berlín y Hamburgo, e Hidrografía en Hamburgo. Funciones directivas en la administración de prospecciones marítimas de Lübeck. Madre de dos hijos y habitante desde 1995 del molino, donde desde entonces trabaja en continuo con las entidades espirituales.

Francis Sky Conners-Schmid

Nacido en Santa Mónica (2009), Francis es alumno de la escuela Waldorf. Dibuja y pinta con mucho gusto y en gran abundancia. Le encanta el deporte y jugar al béisbol, al baloncesto y al fútbol.